财务灵活性对上市公司
财务政策的影响机制研究

The Influential Mechanism of Financial Flexibility on
Financial Policies of Listed Firms

张玮婷 著

经济管理出版社
ECONOMY & MANAGEMENT PUBLISHING HOUSE

图书在版编目（CIP）数据

财务灵活性对上市公司财务政策的影响机制研究/张玮婷著 . —北京：经济管理出版社，2016.12

ISBN 978 - 7 - 5096 - 4605 - 2

Ⅰ.①财…　Ⅱ.①张…　Ⅲ.①上市公司—财务管理—研究—中国　Ⅳ.①F279.246

中国版本图书馆 CIP 数据核字（2016）第 216496 号

组稿编辑：宋　娜
责任编辑：侯春霞
责任印制：司东翔
责任校对：雨　千

出版发行：经济管理出版社
　　　　　（北京市海淀区北蜂窝 8 号中雅大厦 A 座 11 层　100038）
网　　址：www. E - mp. com. cn
电　　话：（010）51915602
印　　刷：三河市延风印装有限公司
经　　销：新华书店
开　　本：720mm×1000mm/16
印　　张：12
字　　数：193 千字
版　　次：2016 年 12 月第 1 版　2016 年 12 月第 1 次印刷
书　　号：ISBN 978 - 7 - 5096 - 4605 - 2
定　　价：78.00 元

第五批《中国社会科学博士后文库》编委会及编辑部成员名单

（一）编委会

主　任：王京清

副主任：马　援　张冠梓　俞家栋　夏文峰

秘书长：张国春　邱春雷　刘连军

成　员（按姓氏笔画排序）：

卜宪群　方　勇　王　巍　王利明　王国刚

王建朗　邓纯东　史　丹　刘　伟　刘丹青

孙壮志　朱光磊　吴白乙　吴振武　张　翼

张车伟　张世贤　张宇燕　张伯里　张星星

张顺洪　李　平　李　林　李永全　李向阳

李国强　杨　光　杨　忠　陆建德　陈众议

陈泽宪　陈春声　卓新平　房　宁　罗卫东

郑秉文　赵天晓　赵剑英　高　洪　高培勇

曹卫东　曹宏举　黄　平　朝戈金　谢地坤

谢红星　谢寿光　谢维和　裴长洪　潘家华

冀祥德　魏后凯

（二）编辑部（按姓氏笔画排序）：

主　任：张国春（兼）

副主任：刘丹华　曲建君　李晓琳　陈　颖　薛万里

成　员：王　芳　王　琪　刘　杰　孙大伟　宋　娜

苑淑娅　姚冬梅　郝　丽　梅　枚　章　瑾

　　本书获国家自然科学基金项目"财务灵活性与公司财务政策选择"（项目编号：71472160）、国家自然科学基金项目"地域因素对上市公司财务决策的影响机制研究"（项目编号：71602120）资助。

序　言

　　博士后制度在我国落地生根已逾30年，已经成为国家人才体系建设中的重要一环。30多年来，博士后制度对推动我国人事人才体制机制改革、促进科技创新和经济社会发展发挥了重要的作用，也培养了一批国家急需的高层次创新型人才。

　　自1986年1月开始招收第一名博士后研究人员起，截至目前，国家已累计招收14万余名博士后研究人员，已经出站的博士后大多成为各领域的科研骨干和学术带头人。其中，已有50余位博士后当选两院院士；众多博士后入选各类人才计划，其中，国家百千万人才工程年入选率达34.36%，国家杰出青年科学基金入选率平均达21.04%，教育部"长江学者"入选率平均达10%左右。

　　2015年底，国务院办公厅出台《关于改革完善博士后制度的意见》，要求各地各部门各设站单位按照党中央、国务院决策部署，牢固树立并切实贯彻创新、协调、绿色、开放、共享的发展理念，深入实施创新驱动发展战略和人才优先发展战略，完善体制机制，健全服务体系，推动博士后事业科学发展。这为我国博士后事业的进一步发展指明了方向，也为哲学社会科学领域博士后工作提出了新的研究方向。

　　习近平总书记在2016年5月17日全国哲学社会科学工作座谈会上发表重要讲话指出：一个国家的发展水平，既取决于自然科学发展水平，也取决于哲学社会科学发展水平。一个没有发达的自然科学的国家不可能走在世界前列，一个没有繁荣的哲学社会科学的国家也不可能走在世界前列。坚持和发展中国特色社会主义，需要不断在实践和理论上进行探索、用发展着的理论指导发展着的实践。在这个过程中，哲学社会科学具有不可替代的重要地位，哲学社会科学工作者具有不可替代的重要作用。这是党和国家领导人对包括哲学社会科学博士后在内的所有哲学社会科学领域的研究者、工作者提出的殷切希望！

中国社会科学院是中央直属的国家哲学社会科学研究机构，在哲学社会科学博士后工作领域处于领军地位。为充分调动哲学社会科学博士后研究人员科研创新的积极性，展示哲学社会科学领域博士后的优秀成果，提高我国哲学社会科学发展的整体水平，中国社会科学院和全国博士后管理委员会于 2012 年联合推出了《中国社会科学博士后文库》（以下简称《文库》），每年在全国范围内择优出版博士后成果。经过多年的发展，《文库》已经成为集中、系统、全面反映我国哲学社会科学博士后优秀成果的高端学术平台，学术影响力和社会影响力逐年提高。

下一步，做好哲学社会科学博士后工作，做好《文库》工作，要认真学习领会习近平总书记系列重要讲话精神，自觉肩负起新的时代使命，锐意创新、发奋进取。为此，需做到：

第一，始终坚持马克思主义的指导地位。哲学社会科学研究离不开正确的世界观、方法论的指导。习近平总书记深刻指出：坚持以马克思主义为指导，是当代中国哲学社会科学区别于其他哲学社会科学的根本标志，必须旗帜鲜明加以坚持。马克思主义揭示了事物的本质、内在联系及发展规律，是"伟大的认识工具"，是人们观察世界、分析问题的有力思想武器。马克思主义尽管诞生在一个半多世纪之前，但在当今时代，马克思主义与新的时代实践结合起来，愈来愈显示出更加强大的生命力。哲学社会科学博士后研究人员应该更加自觉地坚持马克思主义在科研工作中的指导地位，继续推进马克思主义中国化、时代化、大众化，继续发展21世纪马克思主义、当代中国马克思主义。要继续把《文库》建设成为马克思主义中国化最新理论成果宣传、展示、交流的平台，为中国特色社会主义建设提供强有力的理论支撑。

第二，逐步树立智库意识和品牌意识。哲学社会科学肩负着回答时代命题、规划未来道路的使命。当前中央对哲学社会科学愈发重视，尤其是提出要发挥哲学社会科学在治国理政、提高改革决策水平、推进国家治理体系和治理能力现代化中的作用。从2015年开始，中央已启动了国家高端智库的建设，这对哲学社会科学博士后工作提出了更高的针对性要求，也为哲学社会科学博士后研究提供了更为广阔的应用空间。《文库》依托中国社会科学院，面向全国哲学社会科学领域博士后科研流动站、工作站的博士后征集优秀成果，入选出版的著作也代表了哲学社会科学博士后最高的学术研究水平。因此，要善于把中国社会科学院服务党和国家决策的大智库功能与《文库》的小智库功能结合起来，进而以智库意识推动品牌意识建设，最终树立《文库》的智库意识和品牌意识。

第三，积极推动中国特色哲学社会科学学术体系和话语体系建设。改革开放30多年来，我国在经济建设、政治建设、文化建设、社会建设、生态文明建设和党的建设各个领域都取得了举世瞩目的成就，比历史上任何时期都更接近中华民族伟大复兴的目标。但正如习近平总书记所指出的那样：在解读中国实践、构建中国理论上，我们应该最有发言权，但实际上我国哲学社会科学在国际上的声音还比较小，还处于有理说不出、说了传不开的境地。这里问题的实质，就是中国特色、中国特质的哲学社会科学学术体系和话语体系的缺失和建设问题。具有中国特色、中国特质的学术体系和话语体系必然是由具有中国特色、中国特质的概念、范畴和学科等组成。这一切不是凭空想象得来的，而是在中国化的马克思主义指导下，在参考我们民族特质、历史智慧的基础上再创造出来的。在这一过程中，积极吸纳儒、释、道、墨、名、法、农、杂、兵等各家学说的精髓，无疑是保持中国特色、中国特质的重要保证。换言之，不能站在历史、文化虚无主义立场搞研究。要通过《文库》积极引导哲学社会科学博士后研究人员：一方面，要积极吸收古今中外各种学术资源，坚持古为今用、洋为中用。另一方面，要以中国自己的实践为研究定位，围绕中国自己的问题，坚持问题导向，努力探索具备中国特色、中国特质的概念、范畴与理论体系，在体现继承性和民族性，体现原创性和时代性，体现系统性和专业性方面，不断加强和深化中国特色学术体系和话语体系建设。

新形势下，我国哲学社会科学地位更加重要、任务更加繁重。衷心希望广大哲学社会科学博士后工作者和博士后们，以《文库》系列著作的出版为契机，以习近平总书记在全国哲学社会科学座谈会上的讲话为根本遵循，将自身的研究工作与时代的需求结合起来，将自身的研究工作与国家和人民的召唤结合起来，以深厚的学识修养赢得尊重，以高尚的人格魅力引领风气，在为祖国、为人民立德立功立言中，在实现中华民族伟大复兴中国梦征程中，成就自我、实现价值。

是为序。

王京清

中国社会科学院副院长

中国社会科学院博士后管理委员会主任

2016 年 12 月 1 日

摘　要

　　以 Graham 和 Harvey（2001）为代表的西方学者进行的问卷调查结果表明，在公司财务实践中，财务灵活性原则是高管们制定财务决策时的经验法则。财务灵活性在财务实践中的重要性已经获得了西方国家财务高管们的一致认同。然而，财务灵活性在公司财务决策中的作用机制仍不明晰。相较西方成熟的资本市场而言，我国资本市场尚不完善，资本市场的不完备以及制度环境的约束使得财务灵活性在我国公司财务决策中的作用更为凸显。然而，我国学者对财务灵活性如何影响公司财务决策的研究却相当匮乏。因此，如何厘清实践中财务灵活性对公司财务政策的影响机制，并对其进行系统性研究，以及如何将这一影响机制纳入财务理论的研究框架，成为公司财务研究中亟待解决的问题。

　　传统的学科导向型的理论研究范式将财务学的几个研究领域，如资本结构、现金持有量和股利政策等割裂开来分别研究，我们对于财务实践中公司如何在财务政策之间进行权衡和取舍还了解不多。财务灵活性作为公司统筹制定财务政策时考虑的首要原则，以此为研究切入点有助于我们将公司三方面的财务政策作为一个相互关联、相互制衡的整体，以研究公司高管在财务政策之间如何权衡与取舍，为研究公司财务政策提供一种更贴近实际、问题导向型的研究范式。

　　本书以财务灵活性作为研究视角，从财务灵活性的定义入手，系统地研究了财务灵活性对我国上市公司财务决策的影响机制。首先，本书分别探讨了财务灵活性对我国上市公司资本结构政策、现金持有政策以及股利政策等各个单项财务政策的影响机理。从理论上说，财务灵活性是公司为把握未来投资机会以及应对未预期的环境变化，通过有效调配其财务资源，以实现公司价值最大化的能力。根据财务灵活性原则，财务灵活性价值高的公司将倾向于保留自身财务灵活性，以应对外部环境变化。本书的研究结果表明，剩余举债能力和现金是财务灵活性的两大来源。财务灵活性边际价值高的公司，倾向于保持较低的杠杆水平，以保留剩余举债能力，同时倾向于持有较多的现金，以及选择较低的现金股利发放水平，采用股票股利来替代现金股利。实证结果支持财务灵活性假设。

不仅如此，财务灵活性之所以有价值，是由于它能使公司更好地应对外界融资环境带来的消极影响。因此，本书进一步通过选取公司所面临的三种外部融资环境变量，包括资本市场政策、信贷环境变化以及地域环境因素等，重点考察在面临不同的融资环境时，公司如何根据财务灵活性原则进行财务政策的权衡和取舍，力图打开公司财务决策这一"黑箱"，厘清财务灵活性影响公司财务决策以适应外部环境变化的内在机制。其中，我国特有的半强制分红政策要求公司在进行权益再融资时需要达到一定的分红标准，这意味着公司需要在未来权益融资可得资金和股利决策之间进行权衡。研究结果表明，财务灵活性边际价值高的公司更倾向于采取股利迎合策略，即通过多发放股利来获得股权再融资的资格。这一实证证据表明在进行融资决策和股利决策的过程中，公司将融资决策的重要性置于股利决策之上。全球金融危机为背景的研究结果表明，融资约束公司动用剩余举债能力来提高现金持有量是在财务灵活性原则下进行权衡决策的结果，这说明公司将现金持有决策置于融资决策之上。最后，以更为普适的地域因素作为外部融资约束变量考察后发现，公司的股利政策符合"结果模型"，地处偏远的公司会减少现金股利的发放以保持财务灵活性，说明股利政策是公司财务决策的最后一环。这些结果均表明公司根据财务灵活性原则在财务政策之间进行权衡来应对外部融资环境的变动，克服外部融资约束，最终使公司达到最优财务灵活性水平。

总体而言，财务灵活性是我国上市公司财务决策中重要的影响因素，运用财务灵活性原则可以更好地理解公司财务决策的内在机理。

关键词：财务灵活性；资本结构政策；现金持有量政策；股利政策；融资约束

Abstract

Survey evidence provided by Graham and Harvey (2001) and other scholars have demonstrated that the principle of financial flexibility is considered as "Rule of Thumb" in financial decisions by financial executives. The importance of financial flexibility in financial practices has been agreed by financial executives in Developed countries. However, researchers still have not reached the agreement on the influential mechanism of financial flexibility on financial policies. Compared to developed countries, Chinese capital market is still improving. Financial flexibility is thus more valuable and more important for Chinese listed firms. However, it is still lack of systematic research on financial flexibility. In conclusion, identify the influential mechanism of financial flexibility on financial policies, conduct systematic research on it, and incorporate financial flexibility into corporate finance theories, is necessary and urgent in financial studies.

Traditional principle – oriented theoretical research method always takes several research topics as separate parts, like capital structure, cash holdings and dividend policy, which makes us know little about how firms trade off with different financial policies. Financial flexibility principle is the prior rule in financial decisions, which makes it easier to research on financial policies as a whole from the perspective of financial flexibility. It also provides a more realistic and problem – oriented research view.

This book systematically researches on the influential mechanism of financial flexibility on financial policies from the perspective of financial flexibility. At first, empirical studies are conducted to discuss separated influence of financial flexibility on capital structure, cash holdings and dividend policy respectively. From the definition, we can consider that financial flexibility is the ability of firms optimizing its resources allocation to mitigate negative influence from the changes of external environment, and to maximize value of firm. According to Financial Flexibility Hypothesis, firms with higher marginal value of financial flexibility are more intended to reserve financial flexibility, which can be got from debt capacity and cash holdings. Empirical results in this book have shown that firms with high marginal value of financial flexibility tend to keep low level of capital structure, reserve debt capacity, while keeping high level of cash holding and low dividends. Those empirical evidences all support Financial Flexibility Hypothesis well.

The value of financial flexibility is due to its influence to minimize negative effect of external financing environment. Hence, this book not only systematically researches on the influential mechanism of financial flexibility on financial policies, but also focuses on how financial decisions are affected by financial flexibility when facing different external financing environment, including capital market policy, loan market changes and location factor, trying to find out the interior mechanism of financial policies.

The research under the background of Semi – mandatory Dividend Paying Policy shows that firms with higher marginal value of financial flexibility are more intended to take catering strategy in their dividend policy. This empirical evidence shows that executives consider financing decisions as more important than dividend decisions. When looking at the choice between debt capacity and cash holdings under the background of global financial crisis, it is found that financial – constrained firms are more intended to use debt capacity to increase cash holdings. This evidence is considered to support the view that cash holdings policy is prior to capital structure decisions. At last, this book also uses location to proxy for external financial constraint, while researching on how different locations influence firms financial policies. Results support that firms dividend behavior can be explained by "Outcome Model" rather than "Substitute Model". Firms in remote places tend to decrease dividend payout to keep financial flexibility, implying that dividend policy is the result of other financial policies. These research results all imply that financing environment influences financial policy through financial flexibility. Firms use the principle of financial flexibility to trade off among financial policies when responding to external financing environment, to overcome financial constraint, and finally reach optimal financial flexibility.

In all, financial flexibility is an important factor in financial decisions of Chinese listed firms. We can understand the essential mechanism of financial decisions better by using the principle of financial flexibility.

Key Words: Financial Flexibility; Capital Structure Policy; Cash Holding Policy; Dividend Policy; Financial Constraint

目　录

Contents

第一章 引 言

第一节 研究背景和动机

Graham 和 Harvey（2001）在对美国上市公司的财务高管（CFO）进行的问卷调查中发现，财务高管普遍将财务灵活性作为他们在选择公司资本结构时首要考虑的因素。"财务灵活性是财务高管们进行决策时的经验法则（Rule of Thumb）"，这在其他学者进行的几项问卷调查研究中也得到了支持，如 Pinegar 和 Wilbricht（1989）在 1986 年对财富 500 强公司的 CFO 进行了问卷调查，结果表明高管们在进行融资决策时首要考虑的是财务灵活性。Kamath（1997）调查了纽交所上市的 700 家公司的 CFO，剔除了财富 500 强的工业企业、金融类企业以及房地产公司（REIT）。这些公司的财务高管们普遍反映，财务灵活性原则是最为重要的财务计划原则。Bancel 和 Mittoo（2004）对欧洲 16 个国家的 720 家公司进行了问卷调查。当问到"是什么因素影响了你选择合理的负债额"时，获得最高评分的仍然是财务灵活性这一因素。Baker 等（2011）归纳了以往学者以英国、荷兰、德国、法国和美国等国作为样本以及以欧洲地区作为总体样本所进行的关于跨国资本结构决策影响因素的调查，发现受访者在回答债券发行决策的影响因素这一问题时，普遍认为财务灵活性是经验法则中最为重要的指标。那么，财务高管们为什么偏好财务灵活性？他们为何把财务灵活性作为公司财务决策的首要考虑因素呢？

在 Modigliani 和 Miller（1958）所阐释的完美资本市场中，公司的投资维持在最优水平。在这个无摩擦的环境中，公司不需要事先储备财务灵活性，因为他们总能够无成本地调整财务政策以应对未预期的需求。因此，财务灵活性之所以值得研究，就是因为我们所处的世界并不是毫无摩擦的世界。融资摩擦的存在，使得一些公司在投资有价值的项目时受到制约，此时公司财务决策就不仅仅需要考虑公司目前的情况，还需要考虑未来可能发生的突发状况。可见，由于融资摩擦的存在，对于公司而言，通过选择财务政策来保留财务灵活性，以应对未来可能发生的资金不足的情况。因此，财务灵活性对于公司是有价值的。也就是说，当公司的外部环境存在不确定性时，公司偏爱财务灵活性不仅仅是因为它能够为不确定性环境下公司可能产生的价值贬损提供了缓冲阀，还因为它提供了公司在应对未来突发事件时有价值的期权。此时，高管们可能不仅要考虑如何在事后及时对融资环境的变化做出反应，还需要在事前通过调整财务政策来尽可能地减小融资环境变动可能带来的影响，而财务灵活性原则的核心正是指导公司应对外部环境的变化。

从问卷调查研究的结果可以看出，财务灵活性在公司财务实践中往往被当作第一经验法则。财务高管们普遍认同他们在进行财务决策时首要考虑的是财务灵活性这一因素。然而，令人奇怪的是，在理论研究中，财务灵活性却甚少被涉及，只是在 Graham 和 Harvey（2001）的研究后才逐渐引起学术界的重视。目前，学者们对财务灵活性是如何影响公司财务决策的选择的研究仍相当匮乏，相关研究中还存在一些问题有待解决。

一、财务灵活性内涵与价值的理论研究

首先是学者们对于财务灵活性的定义仍然不尽如人意。不仅对财务灵活性的定义较为简单化，而且对其内涵和外延的界定仍不够准确。最初学者们对财务灵活性的研究往往集中于公司为何在拥有剩余举债能力时仍保持低杠杆的资本结构政策，因此学者们最初对财务灵活性的定义将其等同于公司的剩余举债能力（姜英冰，2004；Mura 和 Marchica，2007）。还有一些学者认为，财务灵活性是公司面对外界环境变化时进行适应的能力（Gamba 和 Triantis，2008；Byoun，2008a；Denis，2011），但仍无法对财务灵活性的范畴进行清晰的界定。

其次是对财务灵活性价值的探讨未对剩余举债能力的变动加以考虑。Gamba 和 Triantis（2008）首先从理论上对财务灵活性的价值进行了较系

统的分析。他们通过模型推导和数据模拟指出，财务灵活性对公司是有价值的，财务灵活性价值的大小取决于外部融资的成本、持有现金的成本、公司的成长机会以及资本可逆性（Reversibility of Capital）。其后，学者们大多进行的是实证研究，并大多采用现金边际价值作为财务灵活性边际价值的代理变量。Clark（2010）指出，现金边际价值的影响因素与 Gamba 和 Triantis（2008）提出的财务灵活性价值的影响因素相同，现金的边际价值是公司成长机会和外部融资成本的增函数，是现金持有成本和资本可逆性的减函数。并且，现金边际价值受这些因素影响的方向与财务灵活性边际价值所受影响的方向相同。因此，Clark（2010）认为现金的边际价值可以作为财务灵活性边际价值的有效代理变量，并采用 Faulkender 和 Wang（2006）用于估计现金边际价值的方法来估计财务灵活性的边际价值。然而，学者们在进行相关实证研究时，往往假定公司剩余举债能力是一定的。在财务灵活性的相关实证模型中，并未加入剩余举债能力加以控制。

二、财务灵活性对公司财务政策的影响研究

Modigliani 和 Miller（1963）以及 Myers（1984）提出，"现实世界的财务策略问题"（如资本市场的不完美）导致公司"保留灵活性的要求"，这也就是"公司保留剩余举债能力"的原因。Miller（1977）指出，当公司负债"过多"时，可能会导致公司不得不放弃一些有利可图的投资项目，即使管理层与股东的利益完全一致也是如此。Graham 和 Harvey（2001）、Bancel 和 Mittoo（2004）以及 Brounen 等（2005）的问卷调查结果印证了这一观点，在这些问卷调查中，高管们普遍认同财务灵活性在资本结构决策中的重要作用，因此财务灵活性如何影响公司的资本结构决策开始成为学术界关注的问题。

学者们认为，传统的资本结构主流理论主要有权衡理论和优序融资理论，但是迄今为止，没有一个理论能够完全解释资本结构所有的问题，例如，企业为何长期采取低杠杆的财务行为，一些企业在杠杆较低时为何仍然选择权益融资等。学者们仍在积极探索是否还存在着被现有理论体系所遗漏的变量。姜英冰（2004）基于权衡理论，对保持财务灵活性的成因进行了定性分析，认为公司举债过程中的财务困境成本和代理成本促使公司

保持较低的负债率，以保持较大的财务灵活性。赵蒲和孙爱英（2004）的实证研究结果表明，公司长期采取低财务杠杆的财务保守行为，是因为公司更加注重获得财务灵活性，以防范风险和捕捉未来的投资机会。DeAngelo和 DeAngelo（2007）认为，财务灵活性是连接权衡理论、优序融资理论和企业实际融资行为的桥梁。他们指出，公司为了保持自身财务灵活性，会同时采取低杠杆和高股利的财务政策。通过高股利来建立声誉，以保持未来股权融资渠道的畅通，同时以低杠杆来保留剩余举债能力。Byoun（2008a）认为，财务灵活性是公司资本结构决策的主要驱动力。Lemmon 和 Zender（2010）也认为，保留举债能力的考虑在很大程度上能够解释上市公司的股权再融资行为。Denis 和 McKeon（2012）认为他们的研究发现并不支持传统的资本结构理论，公司事先保留举债能力是为了建立财务灵活性以备日后经营所需，这更符合"企业资本结构是考虑了财务灵活性的结果"的观点。Clark（2010）对 1971～2006 年美国上市公司的研究发现，考虑了财务灵活性的边际价值后，原本对公司负债率起作用的传统变量的重要性降低了，其解释能力随着公司财务灵活性边际价值的提高而减弱，验证了财务灵活性是公司资本结构决策考虑的最重要因素。

在公司资本结构政策的研究中，学者们普遍认为财务灵活性这一假设能够有效地解释公司为何采取较保守的资本结构政策，公司所进行的资本结构决策是考虑了财务灵活性的结果，财务灵活性是传统资本结构理论中遗漏的一环。

随着研究的进行，人们逐渐认识到，财务灵活性同时还会影响公司的现金持有政策和股利支付政策。在现金持有量决策方面，财务灵活性的考虑使得公司倾向于持有现金。DeAngelo 等（2011）构建的理论模型显示，因为同时面临着现金流和投资机会集的波动，所以公司有必要保持财务灵活性，以防止投资不足的情况发生。该研究从现金的预防动机着手，说明财务灵活性除了影响公司的资本结构以外，还可能同时影响现金持有水平。Denis（2011）也提到，由于外部融资是有成本的，因此公司有动机通过持有现金来增加闲置资金，以预防不可预见的盈余减少或投资机会的增长等情况。

在股利政策方面，学者们发现财务灵活性原则有力地解释了公司股利政策的选择。许多公司的管理层喜欢股票回购带来的财务灵活性（Brav 等，2005），而且股票回购有利于公司持续稳定地支付现金股利（Dittmar 和 Ditt-

mar，2007；Skinner，2008；Von Eije 和 Megginson，2009）。Jagannathan 等
（2000）通过分析公司在派发现金股利与回购股票之间的选择发现，那些拥
有持续性经营现金流的公司往往选择派发现金股利，而当现金流变成暂时
性（不可持续）的非经营现金流时，公司往往选择回购股票。该研究还发
现，公司在财务灵活性价值最高时往往选择进行股票回购，认为回购股票
有利于保留财务灵活性，这是公司用其替代现金股利的原因之一。Lie
（2005）检验了财务灵活性对公司股利政策变动、特殊股利支付和股票回购
的影响。结果发现，提高股利支付的公司往往存在着剩余的财务灵活性。
Rapp 等（2012）也提出，财务灵活性原则使得公司更倾向于回购股票，而
非发放现金股利。并且，财务灵活性边际价值高的公司倾向于削减甚至完
全不发放现金股利。

对国内外文献进行简单回顾可以发现，学术界基本认可财务灵活性在
公司财务实践中的重要作用，而且，由于财务灵活性会影响到公司的资本
结构政策、现金持有政策和股利政策，如 DeAngelo 和 DeAngelo（2007）指
出，公司为了保持自身财务灵活性，应该同时采取低杠杆、低现金和高股
利的财务政策。由于代理问题和税收，公司不应该持有过多现金，而应采
取低杠杆的资本结构政策来保留剩余举债能力，并同时采取高股利来建立
声誉，以保持未来股权融资渠道的畅通。这种公司事前的最优财务决策将
为公司提供灵活的事后融资渠道（包括股权和债权），以满足未来由不可预
见的盈利下滑或是新的投资机会所带来的融资需求。通过持续支付股利而
非进行高额的负债来限制内部资金，这不仅是因为低杠杆提供了未使用的
举债能力来把握投资机会，同时良好的股利支付历史也会为公司建立良好
的声誉，从而持有让他们得以在未来特殊时期（包括盈利下滑或是好的投
资机会）借款或是发行权益的期权，并且能够以接近内部价值的价格售出
股份（Sheleifer 和 Vishny，1997；La Porta 等，2000）。由此可以看出，财务
灵活性可以作为将资本结构政策、现金持有政策和股利支付政策等财务政
策联结为一体的重要桥梁。在财务灵活性的原则下，公司财务高管需要在
资本结构政策、现金持有政策以及股利政策三者之间进行权衡和抉择，最
终决定公司的财务灵活性水平。

我国资本市场仍属于新兴市场，发展时间短，制度仍不完善。也正因
为如此，我国公司所受到的外部融资约束更强，财务灵活性显得更有价值，
在公司财务决策中的作用也更为重要。然而，尽管国外学者的研究对财务

灵活性在公司财务政策中的影响已经取得了一些初步的成果，但国内的相关研究仍处于起步阶段，多为定性的研究，缺乏理论基础和系统框架，如姜英冰（2004）认为财务灵活性在我国上市公司财务实践中的作用仍不明确，财务灵活性对我国上市公司财务政策的影响机制尚不清晰。应通过进一步的研究，将财务灵活性这一财务实践原则纳入公司财务学的理论框架之中。

综上所述，相较于西方资本市场，我国资本市场尚属起步阶段，资本市场的不完备以及制度环境的约束使得财务灵活性在我国公司财务决策中的作用更为凸显。然而，我国学者对财务灵活性是如何影响公司财务决策的研究相当匮乏。因此，如何将实践中财务灵活性对公司财务决策的影响机制纳入财务理论的研究框架，成为公司财务研究中亟待解决的问题。

以财务灵活性为研究视角，可以为我们研究财务政策提供问题导向型的解决方案，而外部融资环境的引入也有利于我们寻找解决财务灵活性研究中固有的内生性问题的有效方法。本书从财务灵活性的视角出发，以此为突破口找出实践与理论的结合点，将公司财务政策作为一个相互制衡的系统和整体，进行更为贴近公司财务实践的研究，使公司财务理论能够更好地解决财务实践中面临的问题。

第二节　研究内容和篇章结构

本书拟就财务灵活性对公司财务政策的影响机制进行系统研究，将由以下两个相互关联、层层推进的部分组成：首先，将研究财务灵活性对公司各项财务政策的影响机制，厘清财务灵活性在公司资本结构、现金持有和股利支付这几项政策决策中的作用；其次，本书将在不同的融资环境下，进一步探讨财务灵活性如何影响公司财务政策，试图在变动的融资环境中捕捉财务灵活性发挥作用的机制。两部分内容详述如下：

一、财务灵活性对公司财务政策的影响机制研究

公司在财务灵活性原则下进行财务决策时，势必要在不同方面的财务

政策之间进行权衡。而在财务灵活性的原则下进行权衡，就应从这些政策会如何改变公司的财务灵活性水平入手。换句话说，我们需要知道财务灵活性来源于公司的哪些财务特征，而财务决策又会如何改变这些财务特征，从而发现财务灵活性原则下各项公司财务政策的决策顺序。因此，本书将就财务灵活性如何影响公司的资本结构政策、现金持有政策和股利政策进行实证研究。

现实世界的不完美决定了拥有一定的财务灵活度对公司而言是有价值的。从理论上说，现金持有量越高，杠杆水平越低，公司财务灵活度越高；现金持有量越低，杠杆水平越高，公司财务灵活度越低。在财务灵活度一定的条件下，剩余举债能力和现金持有量具有一定的替代效应，股利支付则受到公司的现金持有量和资本结构的共同影响。而与财务决策相关的变量是公司在增加或是减少一单位财务灵活度时带来的价值变动，也就是财务灵活性边际价值的大小。随着财务灵活度的增加，财务灵活性边际价值将逐渐减小。换句话说，公司的资本结构、现金持有以及股利政策所代表的财务现状决定了公司财务灵活度的高低，从而决定了财务灵活性的边际价值，并进而影响公司后续财务政策的选择。例如，财务灵活性边际价值高的公司，将更倾向于权益融资，更倾向于保留现金，更倾向于减少股利的发放。

根据上述分析，财务灵活性既是公司财务决策的原因，也是公司财务政策的结果。因此，谈及财务灵活性的研究，往往无法回避内生性的问题。已有文献在进行财务灵活性的相关研究时，仅研究财务灵活性对公司财务政策的影响，未能引入外部融资环境的变动这一外生变量，潜在的内生性问题使得现有文献无法提供更有说服力的经验证据。因此，除了研究财务灵活性对公司三方面财务政策的单独影响之外，更重要地，我们进一步将外部融资约束这一变量纳入财务灵活性对公司财务政策影响机制的研究框架之内，以期能够更好地找出公司在面临外部融资环境差异时进行财务决策的内在逻辑。通过引入外部融资环境，研究财务灵活性视角下公司在财务政策间的权衡和取舍，除了能够较好地解决内生性问题外，还可以使我们观察到不同的公司在面临不同的外部融资环境时会如何选择自身财务政策，而这也为我们研究财务灵活性对公司财务政策的影响机制提供了更为贴近公司财务实践的实验方法。

二、外部融资环境下财务灵活性对公司财务政策的影响机制研究

公司之所以产生对财务灵活性的需求，是因为公司所面临的外部融资环境是不确定的，也是不停变化的。只有在外部融资环境的变化中，才能更好地考察公司是如何根据财务灵活性原则来应对环境变化的。可以说，外部融资环境差异犹如一面"滤光镜"，可以使我们更清晰地观察财务灵活性对公司财务政策的影响机制。

外部融资环境是通过公司所面临的融资约束对公司财务政策产生影响的。以往文献在讨论融资约束（Financial Constraint）时，往往采用 Kaplan 和 Zingale（1997）或是 Fazzari 等（1988）的方法，采用 KZ 指数或是投资—现金流敏感性来度量公司受到融资约束的程度。然而，这些度量方法衡量的是公司内部现金流与未来投资机会之间的敏感程度，着眼点在公司内部，大多从公司内部融资约束的角度探讨财务灵活性对公司财务政策的影响，即通过公司内部现金流与公司投资机会之间的关系来研究公司财务灵活性的价值。而对于公司可能面临的外部融资机会差异所导致的外部融资约束，却未有效地加以探讨。本书采用的外部融资约束变量不仅考虑了公司内部受到的融资约束程度，还将侧重研究公司在面临外部融资环境的约束条件变动时，如何调整财务决策进行应对。

我国资本市场存在着"政策市"的特征，资本市场受政策的影响较大，政策变动往往带来外部融资约束条件的变动。特有的制度背景和体制环境也成为我们进行研究的有利条件之一。证监会颁布的半强制分红政策这一资本市场政策，作为我国特有的一种外部环境融资约束，将成为本书研究考察的对象。

为了鼓励上市公司的股利分配行为，证监会自 2000 年起颁布了一系列半强制分红政策。政策规定，只有发放股利的公司才有资格利用公开资本市场再融资，而距今最近的两项法规进一步对公司的股利发放水平做出了明确的规定。如 2006 年 5 月 6 日，证监会颁布的《上市公司证券发行管理办法》中规定："上市公司公开发行证券应符合最近三年以现金或股票方式累计分配的利润不少于最近三年实现的年均可分配利润的百分之二十。" 2008 年 10 月 9 日，证监会颁布的《关于修改上市公司现金分红若干规定的

决定》中，将此项规定修改为："上市公司公开发行证券应符合最近三年以现金方式累计分配的利润不少于最近三年实现的年均可分配利润的百分之三十。"

在半强制分红政策的背景之下，公司将根据财务灵活性的边际价值来选择是否应该获得额外的财务灵活性，以克服制度带来的外部融资约束。也就是说，在这种情况下，资本市场政策变化所引起的外部融资约束的变动将通过财务灵活性作用于公司的财务政策。我们预期，财务灵活性边际价值更高的公司为了获得公开资本市场的准入资格，获得更多的财务灵活性，将更倾向于通过提高股利支付来迎合政策规定。而这一股利迎合行为背后的原因正是公司根据财务灵活性原则进行决策的结果，即公司根据自身所处的财务灵活性水平所对应的边际价值来决定是否获取额外的财务灵活性。

在研究了我国特有的制度背景后，我们将研究金融危机这一更为全球性的融资环境变动对公司财务政策的影响。在半强制分红制度背景下，公司所面临的融资环境变动是相同的，并且这一环境变动对公司的影响并不因公司所面临的融资约束程度而有所差异。然而，在全球金融危机的背景下，银根紧缩导致公司外部融资环境恶劣，Campello 等（2010）对金融危机中的公司进行问卷调查的结果表明，信贷危机对融资约束公司与非融资约束公司的作用并不相同，从而导致二者在资本结构和现金持有政策方面存在差异。因此，与半强制分红政策背景不同的是，金融危机这一外部信贷环境变动的冲击对公司财务政策的影响因公司所受融资约束的不同而有所差异，那么这种差异如何通过财务灵活性对公司的资本结构政策和现金持有量政策产生影响，则成为这一研究背景下需要重点考察的问题。

根据财务灵活性假说，融资约束公司相比于非融资约束公司而言，财务灵活性的边际价值更大。如果公司优先进行资本结构决策，那么融资约束公司应该选择较低的杠杆水平，保留更多的剩余举债能力。而在杠杆水平降低后，融资约束公司财务灵活性的边际价值有所下降，此时融资约束公司倾向于持有较低的现金量。但如果公司优先进行的是现金持有量的决策，那么财务灵活性边际价值较高的融资约束公司应该更倾向于提高现金持有量。提高现金持有量后，融资约束公司财务灵活性的边际价值有所下降，从而使其倾向于提高杠杆。

Campello 等（2010）指出，在金融危机前，相比于非融资约束公司而言，融资约束公司出于预防性的动机更倾向于使用剩余举债能力以提高现金持有量。从财务灵活性的角度来看，这应该是公司优先进行现金持有量决策的结果。那么，融资约束公司选择提高杠杆来提高公司现金持有量的内在决策机制是什么？这是否也是根据财务灵活性原则进行决策的结果？对于我国上市公司而言，是否也存在着同样的特征？因此，厘清在金融危机这一外部环境冲击下公司受到的融资约束程度对其财务政策产生影响的差异，有助于提供公司在现金持有量和资本结构政策之间进行权衡决策的经验证据。

我们将以更为普适的视角探讨在地域因素的影响下，公司财务决策如何受财务灵活性的影响，又呈现出怎样的特征。不管是半强制分红政策的背景下还是全球金融危机的环境下，都将公司所受的融资约束视为既定的，讨论在已知的融资约束下公司如何根据财务灵活性进行财务决策。但在地域因素下对财务灵活性影响公司财务政策机制的探讨不仅将对财务灵活性影响公司财务政策进行进一步的讨论，还将探讨公司的融资约束是如何受地域因素的影响而有所差异，并如何通过财务政策的选择来克服这一差异。

现有文献认为，地域因素影响了公司所面临的信息不对称程度，使不同地区的公司面临着不同的融资约束。John 等（2011）指出，由于不同地区的公司在外部融资时的难易程度不同，因而其发放股利的意愿不同。位于边远地区的公司由于面临更大的信息不对称程度，更难获得外部权益融资，因此，对于边远地区的公司而言，它们将更倾向于通过多发股利来降低自身公司所面临的信息不对称程度，以提高外部融资的可能性。

然而，现有文献关于地域因素影响公司股利决策的探讨仅仅表明地域因素确实能够通过影响公司面临的信息不对称程度来影响公司股利政策，但对地域因素影响公司股利政策的路径研究却很含糊，缺乏对影响路径的清晰勾画。特别是考虑到财务灵活性之后，地域因素对公司财务政策的影响将变得更为复杂。不仅要考虑到不同地区公司所面对的信息不对称程度带来的外部融资难易度的不同，还要考虑到外部融资难易度的不同所导致的财务灵活性价值的差异。因此，本书拟从地域因素对公司融资行为的影响入手，以财务灵活性作为视角，研究位于不同地域的公司在所受外部融资约束程度不同的情况下如何规划自己的股利决策。

综上所述，本书将首先研究财务灵活性原则对公司财务政策决策的影响机制，即财务高管们是如何根据财务灵活性原则来进行公司财务决策的。

在研究了财务灵活性在公司财务决策中的影响机制之后，进一步地，本书还将通过引入外部环境变量，更好地研究在外部融资环境变动的背景下公司如何根据财务灵活性原则进行财务决策，并提供直接的经验证据。总之，通过本书的研究，不仅可以厘清公司如何在财务灵活性的视角下进行财务决策，同时还可以提供公司财务决策内在机理的经验证据。本书篇章结构及逻辑如图1-1所示。

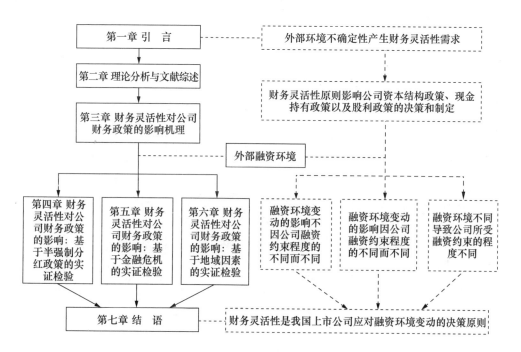

图1-1 本书篇章结构及逻辑

第三节　理论贡献和研究意义

财务学研究的特殊性使得学者们在进行财务学的理论研究时，不能单纯地从理论出发，还要从实践发现的新问题中找寻财务学理论的突破口。随着公司财务的研究逐渐由学科导向转为问题导向，更为关注公司财务实践的需求，旨在更好地运用财务学理论指导实践，从而要求财务学研究更好地贴近公司财务实践。可以说，财务学理论与公司财务实践是相辅相成，相互依存的。公司财务实践的需求催生了财务学理论的相关研究，而公司财务学理论的研究进一步促进了实践的创新和发展。公司财务实践中公司高管在进行财务决策时对财务灵活性这一因素的重视程度，使得理论上对财务灵活性进行系统研究迫在眉睫。

一、研究意义

从财务灵活性的视角来研究公司财务政策的决策机制，研究意义总结如下：

第一，Graham 和 Harvey（2001）对美国和加拿大上市公司的财务总监（CFO）进行问卷调查后发现，财务总监普遍将财务灵活性作为他们选择公司资本结构时首要考虑的因素。财务灵活性在财务实践中的重要性已经获得了西方国家财务高管们的一致认同。在关于财务灵活性对公司资本结构决策、现金持有量决策和股利决策影响的实证研究中，国外学者得到了初步的证据支持。然而，对于财务灵活性在公司财务决策中的作用机制仍然缺乏共识，对于财务实践中各项政策之间的权衡探讨得较少。相比于西方成熟的资本市场而言，我国资本市场的不完备和制度的约束使财务灵活性在我国公司财务决策中的重要性尤为凸显。但国内学者对财务灵活性的研究和探讨却仍处于起步阶段，更毋论系统的理论研究。因此，厘清财务灵活性在我国公司财务实践中的作用和影响机制是十分必要的。

第二，传统的学科导向型的理论研究范式将财务学的几个研究领域，如资本结构政策、现金持有量政策和股利政策等割裂开来分别研究，但现实中，公司经常需要同时在多个财务政策之间做出选择。在很多情况下，财务政策之间往往相互影响、相互制约，在追求各自目标的时候会相互掣肘，此时公司不得不在权衡利弊的基础上对财务政策进行折衷和取舍，最终给出一揽子的财务政策。而财务灵活性作为公司统筹制定一揽子财务政策时考虑的首要原则，以此为研究切入点将使我们得以把公司的财务政策作为一个相互关联、相互制衡的整体进行研究，为研究公司财务政策提供一种更贴近实际的、问题导向型的研究范式。但是，现有的公司财务理论体系却都没有将财务灵活性作为独立因素进行研究。因此，将财务灵活性纳入传统的公司财务理论框架，成为亟待解决的问题。

第三，财务灵活性可以影响公司财务决策，而反过来，当公司进行了财务决策之后，又会影响公司的财务灵活性水平。可以说，财务灵活性既是公司财务决策的原因，也是公司财务决策的结果。因此，将财务灵活性纳入公司财务的理论研究框架，内生性问题是需要解决的棘手问题之一。通过引入外部融资约束，不仅较好地解决了以往财务灵活性研究中难以回避的内生性问题，而且由于外部融资环境的不确定性正是公司选择保留财务灵活性的原因，因此研究在面临外部融资环境差异时公司如何根据财务灵活性原则进行财务决策，可以为财务灵活性影响公司财务政策提供更为直接有力的证据。

二、理论贡献

通过本书的研究，力图在以下几个方面对以往的文献有所补充和贡献：

第一，本书以财务灵活性作为研究视角，研究了财务灵活性原则在公司财务政策决策中的作用，提供了财务灵活性对我国上市公司财务决策的影响机制的经验证据。Graham 和 Harvey（2001）在对美国公司财务高管的调查中指出，财务灵活性已经成为公司资本结构决策中最重要的考虑因素。但是，财务灵活性这一因素是如何在我国上市公司的财务决策中发挥作用的，在国内尚未有确切的实证证据。本书以财务灵活性作为研究视角，厘清了财务灵活性原则下公司资本结构政策、现金持有政策与股利政策的决策机制，得出的研究结论更为贴近公司实践，从而能够更好地将公司财务实践统一在公司财务理论的框架之中，使公司财务理论与实践有机结合，形成理解我国上市公司财务行为新的研究视角。

第二，本书提供了财务灵活性原则下公司在财务政策之间权衡和取舍的直接经验证据。公司财务政策之间是相互关联、相互影响的，但现有的学科导向型的理论研究范式把各项财务政策割裂开来分别研究，使我们对它们之间的相互影响机制了解不多。然而，在公司实际决策的过程中，财务政策之间在追求各自目标的时候会相互掣肘，公司只能在权衡利弊的基础上对财务政策进行折衷和取舍，同时给出一揽子的财务政策。由于公司财务决策过程是一个"黑箱"，往往难以观察公司实际财务决策时各项财务政策在管理层心中的权重。财务灵活性作为衔接公司各项财务政策的桥梁，为我们提供了一个从整体上把握公司财务政策的有利视角。本书通过重点考察不同公司在面临融资环境变动时，如何根据财务灵活性的决策原则进行财务政策的权衡和取舍，为财务灵活性与公司财务决策的文献提供了补充。

第三，本书提供了融资约束影响公司财务政策的直接实证证据。以往文献对融资约束在公司财务实践中的影响的研究，往往关注公司所受的融资约束程度对其投资决策的影响，对于公司的其他财务政策，如资本结构政策、现金持有政策以及股利政策却探讨较少。本书通过选取半强制分红政策、全球金融危机以及公司所处地域环境三种公司所面临的外部融资环境，分别探讨了在外部融资环境变动的影响不因公司既定融资约束程度而不同、因公司既定融资约束程度而不同以及外部融资环境所造成的公司融资约束不同这三种情形下，公司如何根据财务灵活性原则来进行财务政策选择以克服自身融资约束，应对环境变化，从而厘清了外部融资环境通过财务灵活性作用于公司财务政策的作用链条，提供了融资约束影响公司财务政策的直接经验证据，为公司运用财务灵活性来减少环境不确定性对公司价值的负面影响提供了启示，丰富了财务灵活性与融资约束的相关文献。

综上所述，以财务灵活性为研究视角，可以为我们研究财务政策提供问题导向型的解决方案，而外部融资环境的引入也有利于我们寻找解决财务灵活性研究中固有的内生性问题的有效方法。通过本书的研究，不仅可以厘清公司如何根据财务灵活性来进行决策以应对外部环境变动，同时还可以提供公司财务决策内在机理的经验证据，将公司财务实践更好地纳入财务学的理论框架之中。

第二章 理论分析与文献综述

Frank 和 Goyal（2007）指出，"（传统的资本结构理论）因财务灵活性而面临的压力是很有趣的，但却能够有多种解读。我们认为这些问卷调查的证据给我们以启迪，但最好被视作有趣的和建设性的发现，而不是提供了什么很准确的检验"。财务灵活性作为财务学科的一个新概念，其内涵和外延尚未得到清晰的界定，而且判断公司财务灵活性是基于公司对未来可能发生事件的回应，这种判断大多是主观的、不正式的。因此，研究财务灵活性的问题往往会被批评为不怎么实际。也正是因为这些原因，目前学者们对于财务灵活性的研究仍然存在着争议，也有一定的局限性。因此，从实践到理论的升华过程中，首先要解决的就是财务灵活性的概念化和度量的问题。

第一节 财务灵活性的定义与度量

一、财务灵活性的定义

Donaldson（1969）运用"财务流动性"（Financial Mobility）来描述"为回应公司及其所处环境涌现的新信息，以符合管理层目标的方式重新分配财务资源的能力"，并且，Donaldson 还认为财务流动性与公司资本结构决策相关。Heath（1978）运用现金流来定义财务灵活的公司。他认为，财务灵活的公司能够采取行动迅速弥补现金收支之间的差距，同时对其现有及未来的盈余或是股价市值只产生微小的负效应。全美会计师协会（AICPA）

（1993）采用了 Heath 的观点，将财务灵活性定义为"采取行动弥补现金收支之间差距的能力"。财务会计准则委员会（FASB）将财务灵活性定义为"经济实体采取有效的措施将现金流的数量和时点加以转换，使其能够对未预期的需求和机会进行回应"。Graham 和 Harvey（2001）将财务灵活性描述为"保留剩余举债能力以应对未来的规模扩张和收购"或是"最小化利息支出，以使公司在经济不景气时不需要减少营业项目"。Gamba 和 Triantis（2008）将财务灵活性定义为以低成本获得融资渠道以及改变融资结构的能力。

然而，上述文献中对财务灵活性的多种定义或多或少是关于公司通过持有大量现金或是其他流动资产，尽可能多地保留剩余举债能力，来满足其未来可能产生的需求，这些定义仅仅意识到了财务灵活性的事后反应和事前预防特性，但对其在面对不确定的竞争和机会时的开拓性特征却涉及较少。换句话说，这些定义仅仅认识到了公司通过管理自身的财务灵活性水平可以提高投资效率和增强抵御未知风险的能力，却没有意识到公司还可以通过优化财务灵活性水平来提高公司价值。

Gerwin（1993）提到，公司现在所决定的财务灵活性将会影响到未来为了应对不可预知的变化所进行的管理，财务灵活性是未来导向的，而优化财务灵活性水平的最终目的仍然是最大化公司价值。Volberda（1998）同时对财务灵活性的预防性特征和开拓性特征进行了定义。他将财务灵活性定义为以低成本迅速对商业环境的变动做出反应，以及预期到可能影响公司目标的环境并加以适应的能力。这里，他将财务灵活性看作两个方面：其一是内部灵活性，也就是公司适应环境要求的能力；其二是外部灵活性，是指公司通过影响环境从而减少其风险（脆弱性）的能力。姜英冰（2004）将财务灵活性定义为"公司动用剩余举债能力，以应对可能发生或无法预见的紧急情况，以及把握未来投资机会的能力，是公司融资对内外环境的反应能力、适应程度及调整的余地"。Byoun（2008a）也认为，财务灵活性是不确定性的函数，它并不仅仅和未来的现金流有关，同时还和组织及其所处的环境有关。如果所处的商业环境的竞争更为激烈（也就是处于生命周期的发展阶段），那么公司运用财务灵活性来应对未来不确定性的程度就会更高。因此，对财务灵活性的定义还应该考虑与预期现金流及融资约束相对而言的未来投资机会，进而将财务灵活性定义为"公司为了应对未来不确定的紧急情况，以实现公司价值最大化，从而采取预防性或开拓性的举措调配其财务资源的能力和速度"。Denis（2011）将财务灵活性定义为公司对现金流或投资机会中未预期到的变化及时做出回应，并且能让公司价值实现最大化的能力。

因此，本书参考以上定义，将财务灵活性定义为："公司为了把握未来投资机会以及应对未预期的环境变化，通过有效调配其财务资源，以实现公司价值最大化的能力。"这一定义一方面指出公司保留财务灵活性有助于使其把握未来投资机会，以及应对未预期到的突发状况；另一方面也指出财务灵活性来源于公司对自身财务资源的有效调配。"有效调配财务资源"不仅要求公司在不同财务政策之间进行权衡，还要求公司能够迅速、低成本地对财务资源的结构进行调整，最终实现公司价值的最大化。

二、财务灵活性的度量

财务灵活性的价值取决于公司财务灵活度的高低。对于公司而言，不应无限制地增加其财务灵活性。公司保留财务灵活性的最终目的是为了实现公司价值的最大化。那么，公司如何决定自身的财务灵活性水平？财务灵活性的来源有哪些？

（一）财务灵活性的影响因素

Byoun（2008a）指出，财务灵活性的基本形式可以通过公司在未来可利用的财务资源的数量来进行描述。根据上述分析，公司所能利用的财务资源包括了未动用的举债能力以及公司的现金储备，换句话说，剩余举债能力和现金持有量提供了公司的财务灵活性，并且二者相互补充、共同作用。Kahl 等（2008）发现，商业票据为拥有不确定性前景和融资需求的公司提供了财务灵活性。Lins 等（2010）对 29 个国家的财务总监（CFO）进行了问卷调查，结果发现短期债务，如信贷额度和商业票据似乎是全世界所公认的财务灵活性的主要来源。但他们的研究同时表明，信贷额度和现金持有量相互替代。信贷额度用来预防未来可能导致公司错失可盈利投资项目的融资困难，而现金则是用来预防未来可能产生的现金流紧缺风险。Campello 等（2010）在金融危机期间对美国、欧洲以及亚洲超过 1000 家公司的财务总监（CFO）进行了问卷调查。并且，对于这些信用受限的公司而言，他们还采取了提前使用举债能力以建立现金储备的方法，以应对可能造成的信贷紧缩环境。Campello 等认为这些结果支持公司建立现金储备是为了应对未来潜在的信贷供给危机的观点。Almeida 等（2011）的分析预示公司有动机调整财务政策来最小化融资摩擦的影响，如持有更多现金、保留更多的举债能力。

然而，也有一些学者指出，由于税收和代理成本的存在，储备现金本身也是有成本的，因此，公司应该更多地保留举债能力，同时减少现金持有量，以避免代理问题。只有当公司的举债能力受到限制时，公司才会获取额外的现金，但在平时公司并不储备现金。因此，剩余举债能力才是财务灵活性的主要来源。

DeAngelo 和 DeAngelo（2007）指出，虽然公司可以通过现金积累的方式来获得财务灵活性，但这也提高了代理成本。提高杠杆虽然可以减少代理成本，但将会降低未来的财务灵活性。如果公司举债能力受到限制（如公司盈利为负时），但又需要财务灵活性，那么相比于财务困境的成本而言，代理成本就显得不那么重要了。此时，公司不再因为考虑到代理成本而减少现金储备，而是会通过权益融资来获得财务灵活性。因此，公司最优策略是长期保持较低的杠杆水平，以保留公司的举债能力，并同时保持低现金和高股利的政策，以使在未来有较高资金需求时得以借入资金。

DeAngelo 等（2011）的模型表明，公司同时面临现金流和投资机会的波动，为了避免投资不足所带来的成本，产生了对财务灵活性的需求。而公司事先预留举债能力，以便在现金流及投资机会波动时得以发行债务（或是回购债务），就是对投资机会和现金流变动的一种事先回应。该研究认为，财务灵活性来源于公司预留的剩余举债能力。Denis 和 McKeon（2012）为此观点提供了进一步的支持。他们的研究发现，那些高于目标资本结构的公司发行债务看起来主要是对运营需求的一种回应，并且几乎没有找到样本公司增加现金储备或是提高股利支付（回购股票或是提高现金股利）的证据。因此，他们认为财务灵活性来源于公司的剩余举债能力，而非公司储备的现金持有量。

还有一些研究从营销策略方面指出了影响公司财务灵活性水平的其他因素。Banerjee 等（2008）指出，公司的大客户销售往往会使得公司为了维护客户关系而不得不进行个性化定制的投资。这种大客户关系会对公司的财务灵活性产生负面影响，原因有两个方面：首先，公司的大客户可能很关心公司的财务健康状况，而保留流动性可能会将成本转嫁给消费者（Titman，1984），而且财务困境还可能降低公司对那些要求保持产品质量的隐性合约的偏好（Maksimovic 和 Titman，1991）。其次，大客户关系更有可能使公司需要更多特殊的资产，从而使得资产的流动性变差（Shleifer 和 Vishny，1992）。特别是当公司陷入财务困境时，可能要被迫出售资产，而此时这些定制化资产的最理想使用者（如那些大客户）可能自身也正陷入财务困境当中，因此，这些资产将在市场上公开出售，最终这些资产的价格将低于它们最优的使用价值。不管在哪一种情况下，依赖大客户对于公司而言成本是高昂的，因为它增加了事前的财务困境成本，降低了公司的举债能力，从而限制了公司为应对现金流短缺而发行新债的能力。Wang（2012）认为当公司的销售收入主要依赖大客户时，公司为了减少定制化服务对财务灵活性的负向影响，会执行更为灵活的股利政策，也就是说，这些公司现金股利与股票回购的比例会相对较低。

（二）财务灵活性的价值

由于财务决策中所涉及的决策变量是增加或减少一单位的财务灵活性所带来的公司价值的变动，也就是说，真正影响公司财务决策的变量是财务灵活性的边际价值。因此，关于财务灵活性价值的研究首先要厘清财务灵活性边际价值的度量方法。

Gamba 和 Triantis（2008）首先从理论上对财务灵活性的价值进行了较系统的分析和推导。研究表明，财务灵活性对公司是有价值的，财务灵活性价值的大小取决于外部融资的成本、持有现金的成本、公司的成长机会以及资本可逆性。但是，要在实证检验中考虑财务灵活性的边际价值，也是一项挑战。一些学者运用剩余举债能力来度量财务灵活性。例如，Mura 和 Marchica（2007）将连续两年或三年保持低杠杆财务政策的公司定义为财务灵活的公司。其中，当公司财务杠杆水平低于局部调整模型（Partial Adjustment Model）所估计出的目标资本结构时，就将其认定为低财务杠杆的公司。但是，财务灵活性不仅取决于公司现有的举债能力，还取决于未来投资和现金流变动的预期分布。举债能力并非总能揭示公司融资决策的相关信息，也没有考虑到可能的投资机会和现金流变动的特性。而投资机会和现金流的变动正是 Gamba 和 Triantis（2008）、DeAngelo 等（2011）以及其他研究中明确提出的决定财务灵活性价值的重要因素。这就使得那些只考虑了举债能力的度量指标不够完整有效。

Clark（2010）认为以现金的边际价值作为财务灵活性边际价值的代理变量，可以较好地解决这一实证问题。现金的边际价值不仅可以更好地捕捉财务灵活性的边际价值，而且也是一个更为干净的指标。最为重要的是，现金边际价值的影响因素与 Gamba 和 Triantis（2008）论证的财务灵活性价值的影响因素是相同的。其中，现金的边际价值是潜在成长机会和外部融资成本的增函数，是现金持有量和资本可逆性的减函数。

除了能够揭示有关财务灵活性决定因素的信息之外，现金的边际价值还可以避免在资本结构的回归中运用举债能力和现金持有量而可能导致的内生性问题，因为现金的边际价值是基于股东预期的，反映了股东们对于公司提高现金持有量可能对未来股东财富产生影响的预期。

根据 Clark（2010）的观点，现金的边际价值可以作为财务灵活性边际价值的有效代理变量。他参考 Faulkender 和 Wang（2006）的模型和方法，度量了现金的边际价值。所采用的基本理念就是用权益市值对现金持有量进行回归，估计出股东价值对现金持有量变动的敏感性。

现金的边际价值度量的是股东财富变动对公司现金持有量变动的敏感程度，因此当运用公司权益市值变动对公司现金变动进行回归时，相应系数就是公司现金的边际价值，表示公司每增加一单位现金持有量所带来的股东财富的增加额。本书就借鉴以上方法来计算财务灵活性的边际价值。估计方程的因变量为年度累计超额收益率（CAR）。首先运用 Fama – French 三因子模型估计样本年度前 60 个月的月度收益率，估计出相应系数，再根据相应系数估计出正常收益率，而后计算得出月度累计超额收益率，最后加总得到年度累计超额收益率，作为方程因变量 $R_{i,t}$。

借鉴 Clark（2010）、Faulkender 和 Wang（2006）的方法，本书采用以下估计方程估计现金的边际价值：

$$R_{i,t} = r_0 + r_1 \frac{\Delta C_{i,t}}{M_{i,t-1}} + r_2 \frac{C_{i,t-1}}{M_{i,t-1}} \times \frac{\Delta C_{i,t}}{M_{i,t-1}} + r_3 L_{i,t} \times \frac{\Delta C_{i,t}}{M_{i,t-1}} + r_4 \frac{\Delta E_{i,t}}{M_{i,t-1}} +$$

$$r_5 \frac{\Delta NA_{i,t}}{M_{i,t-1}} + r_6 \frac{\Delta I_{i,t}}{M_{i,t-1}} + r_7 \frac{\Delta D_{i,t}}{M_{i,t-1}} + r_8 \frac{C_{i,t-1}}{M_{i,t-1}} +$$

$$r_9 L_{i,t} + r_{10} \frac{NF_{i,t}}{M_{i,t-1}} + \varepsilon_{i,t} \qquad (2-1)$$

其中，$R_{i,t}$ 是公司年度累计超额回报率；$\Delta X_{i,t}$ 是公司 i 对应的所有变量 X_i 从 t – 1 时期到 t 时期发生的变动额；C 是现金及有价证券，即货币资金和交易性金融资产；E 为息税前利润加上折旧和摊销（EBITDA）；I 为利息支出；D 为现金股利总额；NF 是年度融资净额，等于长期负债的增加额加

上权益融资净额；M 为权益市值。根据现金边际价值的定义，估计方程中

与 $\dfrac{\Delta C_{i,t}}{M_{i,t-1}}$ 交乘的部分即为现金边际价值的组成部分，即公司财务灵活性边际价值为：

$$MVOC_{i,t} = \hat{r}_1 + \hat{r}_2 \frac{C_{i,t-1}}{M_{i,t-1}} + \hat{r}_3 L_{i,t}$$

第二节　财务灵活性对公司资本结构政策的影响研究

一、传统的资本结构理论受到的挑战与财务灵活性的提出

财务灵活性真正进入学者们的研究视野始于 Graham 和 Harvey（2001）所进行的问卷调查研究。在这个对美国和加拿大公司 CFO 的问卷调查研究中，他们总结道，"我们对于公司财务实践的调查既令人欣慰，又令人困惑"。他们同时还发现"财务总监们很少跟进学术界所认为的那些影响资本结构的因素和理论"，这是一个更难解释的结果。根据这项调查问卷，当问及这些财务总监"是什么因素影响了你选择合理的负债额"时，财务灵活性的表述（我们限制负债额，以使我们能在新项目到来时，公司内部有足够的可用资金来充分把握机会）获得了最高的分数。在此之前所进行的一些关于公司资本结构决策的问卷调查中，就"财务高管们遵循的是经验法则还是资本结构理论"这一问题也进行了探讨。

自 Modigliani 和 Miller（1958）的无关论之后，财务学者相继提出了一些资本结构理论。早期模型仅仅包括单期的融资决策，因此是静态的。而其中最重要的两个理论就是静态权衡理论和融资优序理论。在 Myers 和 Majluf（1984）的融资优序理论当中，逆向选择问题导致公司遵循金字塔式的融资政策，也就是说当面临投资机会时，公司首先会选择内部资源，其次是发行债务，最后才会选择权益融资。

Pinegar 和 Wilbricht（1989）对 1986 年的财富 500 强公司（包含了公用事业公司和金融类企业）的财务总监（CFO）进行了问卷调查。其中，70% 的受访者表示他们遵循的是融资优序模型，这与 Scott 和 Johnson（1982）的结论不一致。当问及融资时，这些财务总监首选内部资本，其次选择直接负债，而不是可转债，并且，普通股优于优先股。因此，这项问卷调查表明财务总监在进行资本结构决策时更多的是受到融资优序理论而非目标资本结构理论的影响。同时由于受访者不认为公司股价会受资本结构影响，所以信号理论受到的支持很少。

关于静态权衡理论的问卷调查结果，仍然无法得到一致的结论。Pinegar 和 Wilbricht（1989）的问卷中发现静态权衡理论受到的支持最少。传统的资本结构权衡理论提出，公司会在负债带来的税收优惠和潜在的财务困境成本之间进行权衡，从而达到最优的资本结构，即目标资本结构。但静态权衡理论并不能很好地解释：为什么公司在股价大幅攀升时并不提高杠杆（Baker 等，2003；Fama 和 French，2005；Welch，2004）；为何利润高的公司保持低杠杆，而放弃利息税盾收益，即使当其陷入财务困境的风险很低时依然如此（Strebulaev，2007；Graham，2000）。其中，Graham（2000）指出："矛盾的是，流动性强、利润丰厚的大型企业对应的财务困境成本低，却依然奉行保守的资本结构政策。"他同时指出，这种保守的资本结构政策是稳定而持续的；为何杠杆的调整（Rebalancing）很难观察到，以及即使观察到，为什么调整资本结构的时间并不能由调整成本有力解释（Denis 和 McKeon，2012）。还有一些研究也表明，单纯依赖择机理论或是惰性理论也不能解释资本结构决策（如 Leary 和 Roberts，2005；Flannery 和 Rangan，2006）。

Scott 和 Johnson（1982）对 1979 年的财富 1000 公司进行了问卷调查，意在使学者们了解美国大型公司融资决策的内在逻辑。问卷调查的结果表明这些公司的高管们表明他们不关注分析师和债权人，因此不支持信息不对称假设下的融资优序理论。参与的高管普遍接受公司存在最优资本结构的观念，同时他们相信负债的有效运用可以降低公司整体的资本成本，并且影响股票价格。89% 的受访者表明他们公司存在目标资本结构，其中 64% 的人表明该目标负债率的区间为 26%~30%，作者认为公司高管把负债率的设定作为公司资本结构管理的一个部分。当问及"你是否相信公司存在债务上限"这个问题时（也就是，公司是否受制于特定举债能力），

87%的受访者的答案是肯定的。尽管这个问题并未提及破产成本，但受访者仍然肯定地将有限的举债能力与超越这一举债能力可能导致的消极后果联系在了一起。对于这两个问题而言，受访者的回答表明他们遵循了静态权衡理论。但当作者进一步研究公司规模对资本结构的影响时，却发现静态权衡理论所得到的支持又弱化了。大公司和小公司在如何衡量举债能力以及如何运用债务评级两个方面回答有所不同。作者发现，有21%的大公司指出，"我们的举债能力受制于我们保持AAA评级的愿望。"也就是说，他们的举债能力上限就是使他们能够保持债务评级的该数额，而只有6%的小公司高管持此想法。对于"高管在进行资本结构决策中依赖外部机制来衡量公司举债能力"这一调查结果，更像是运用经验法则，而非是权衡债务的优势和破产成本之后的产物。

Stonehill等（1986）将研究样本扩大到其他国家，整理了在1972～1973年对来自法国、日本、荷兰、挪威和美国的87家制造业企业的高管进行的个人访谈。其中，来自日本的公司有20家（占总样本的23%，下同），法国8家（9%），荷兰13家（15%），挪威26家（30%），以及美国20家（23%）。他们通过询问这些公司高管在1966～1970年所做出的资本结构决策，得出了与前者不太一致的结论。他们认为问卷调查的结果不支持静态权衡理论。在谈及财务目标时，研究者认为"大多数财务高管追求的目标是能使公司成为独立主体并使管理层得以保持财务灵活性和控制权"，并且高管们普遍认为在资本结构决策中最为关键的是管理财务风险。

Bancel和Mittoo（2004）对欧洲16个国家进行了问卷调查，以确定是什么影响了资本结构决策。问卷调查的时间是2001年末至2002年初。他们的样本包括了720家欧洲公司，最终回收了87家公司的问卷，反馈率为12%。在他们的样本中，有45%来自法国（大陆法系国家），而有21%来自英国（普通法系国家），同时还有19%来自德国，15%来自斯堪的纳维亚。其中，75%的受访者认为他们的公司存在目标资本结构。

关于资本结构理论在财务高管们决策中的影响，还有一些问卷调查最终得出了折衷的答案。Kamath（1997）采用不同的样本，并用Pinegar和Wilbricht（1989）的问题进行了问卷调查，得出了折衷的结论。Kamath（1997）所进行的问卷调查同样间接地证实了高管们在资本结构中采用经验法则来进行决策。研究者调查了纽交所1998年12月31日为止上市的700家公司的CFO，回收了21%的问卷。样本剔除了财富500强的工业企业、金融类企业以及房地产公司（REIT），目的在于收集管理层对资本结构的观点和实践的信息。当问及财务计划原则时，受访者认为财务灵活性以及保持企业长期存续性是最为重要的。这些观点同样证实了这些公司运用经验法则来决定资本结构。当问及"请对下列影响公司融资决策的考虑因素进行排序"时，研究者发现"保持财务灵活性的能力和保持长期存续性被认为是两项最重要的财务计划法则"。同时，问及受访者关于公司负债率的决定因素时，与以往的负债率的实证研究并不一致，65%的受访者认为他们采用的是融资优序模型，而有35%的受访者认为他们保持目标资本结构。通过将公司区分为静态权衡理论公司及融资优序公司，研究者发现两类公司关于公司投资机会与融资方式选择的答案十分相似。因此，研究者得出结论：管理层没有明显地表现出对其中一个资本结构理论的青睐，因此没有资本结构理论可以完全解释这些问卷调查的结果。财务经理在进行资本结构的决策和管理时，会同时将权衡理论和融资优序理论纳入决策模型中，问卷调查的结果支持经验法则在财务经理的决策中最为常用。经验法则在高管决策中的普遍运用这一观点，支持了Pinegar和Wilbricht（1989）、Scott和Johnson（1982）的观点。

关于财务高管们在资本结构决策中遵循何种资本结构理论，问卷调查得出了不一致的结论。然而，在这些问卷调查研究中，除了对现有资本结构理论的检验之外，却一致发现公司高管们在资本结构决策中对保留财务灵活性这一经验法则的重视。

除了Scott和Johnson（1982）、Stonehill等（1986）的发现之外，Pinegar和Wilbricht（1989）也认为受访者似乎运用的是财务计划的法则，而不是资本结构理论来进行资本结构的决策。也就是说，他们运用经验法则来调整公司负债和权益，而不是为了保持某个特定的资本结构，或是意在传递公司内部信息。研究者们询问了受访者在融资决策中是如何进行考虑的，以探究高管们是否会在资本结构决策中运用财务计划法则。当问及"请指出在融资决策中，以下因素的重要性如何加以排序"的问题时，保持财务灵活性以及公司长期存续性获得了最高的排名，而保持债务评级以及与行业其他公司的可比性则获得了较低的排名。同时，研究者在问及他们在资本结构决策中对财务理论中的逻辑是如何排名的，发现三个得分最高的理论上的考虑因素分别是：预期融资产生的现金流，避免股权稀释，以及融资可能带来的风险。这些仍然可以被看作是支持了财务计划的观点，而不是资本结构理论。研究者指出，在进行融资决策时有许多因素，同时还有许多备择方案需要同时考虑，这种复杂性使得公司高管更多地是被财务计划的法则指导而非理论模型。研究者总结到，财务经验法则更受到财务经理的青睐。

Graham 和 Harvey（2001）所进行的问卷调查研究最具稳健性和代表性。在这项调查中，研究者对美国和加拿大的 CFO 发出了 4000 份问卷，最终回收了 400 份，回收率为 10%。调查同时包括了大公司和小公司，26% 的公司销售额在 1 亿美元以下，还有 42% 的公司销售额高于 10 亿美元。同时，这些公司的资本结构也具有多样性，其中有 1/3 的公司资产负债率在 20%以下，有 1/3 的公司资产负债率在 20% ~ 40%，最后 1/3 的公司负债占总资本的 40% 以上。因此，这个样本有足够的多样性来研究公司财务的诸多问题，并对总体样本有代表性。

研究结果关注了许多公司财务领域的现有理论，但研究者发现很难从问卷调查的结果中发现财务经理们遵循什么资本结构理论。55% 的大公司和 36% 的小公司认为其拥有目标资本结构，这些公司共占总体样本的 34%。另有 37% 的公司资本结构较为灵活，19% 的公司声明没有目标资本结构。同时还有证据表明，公司经理对破产成本以及公司股东的税率并不怎么关注。但除了静态权衡理论外，现有的资本结构理论获得的支持很少。

根据这项问卷调查，在债券发行时两大最为重要的决定因素是财务灵活性和债券评级。当问及这些财务高管们"是什么因素影响了你选择合理的负债额"时，财务计划原则，即财务灵活性，获得了最高的评分。虽然财务灵活性排名最高可能被解读为支持融资优序理论，但是在融资优序理论的框架下，公司信息不对称时会避免进行外部权益融资。受访者中，发放股利的大公司更倾向于认为自身股价受到了低估，这与融资优序理论不符。因为从理论上说，应该是不发放股利的小公司所面临的信息不对称程度更大。

研究者指出，"和我们一样，Pinegar 和 Wilbricht（1989）发现财务灵活性是影响融资决策最为重要的因素，而破产成本以及个税因素则是最后考虑的因素。我们的研究广泛地检验了横截面的理论假设，同时运用公司和高管特征的信息展现了这些因素对于一个更为普适化的调查设计而言仍然是稳健的"。但即使是结果存在相似性，研究者并未进一步就 Pinegar 和 Wilbricht（1989）所提出的"财务灵活性是经理们的经验法则"这一观点进行进一步的讨论。研究者认为财务灵活性不能被看作支持任何一项资本结构理论，这也使得后来的研究者常常在想为什么受访者一致将其列为最为重要的因素。研究者总结如下："可能对于许多资本结构理论相对较弱的支持表明现在是批判性地重新评估这些主流理论的假设和内涵的时候了。也或者，这些理论有效地描述了公司应该做什么，但是公司忽略了这些理论建议。后一种可能性的其中一种解释是商学院可能更好地教授了资本预算和资本成本的相关概念，而对资本结构理论的教授较少。"

Bancel 和 Mittoo（2004）的问卷结果表明受访者在回答 Graham 和 Harvey（2001）的问题"是什么因素影响了你选择合理的负债额"时，同样获得最高评分的是财务灵活性这一因素，且比排名第二的债券评级综合评分高了 0.6 分。其中，3 分为重要，4 分为非常重要，而财务灵活性得分约为 3.39 分。

在 Baker 等（2011）的《关于公司理财的问卷调查研究》一书中，他们指出，自 20 世纪 70 年代以来，对资本结构决策的理解已经有了很大的完善，经理们在进行资本结构决策时实际上并不会被任何一种现有理论所锚定。尽管经过多年的理论发展和完善，仍然没有一种资本结构理论可以完全吻合在调查问卷中所展示的关于经理们决策行为的调查。相反，在早期调查中所得到的结果到现在仍然是适用的。如 Scott 和 Johnson（1982）、Stonehill 等（1986）、Pinegar 和 Wilbricht（1989）、Kamath（1997）都得出了财务计划原则是资本结构决策中的主导因素这一结论。这些研究者以及其他研究者（尽管其中一些并未考虑经验法则的重要性）表明，不管一项理论多么优美动人，仍然难以捕捉实践中经理们所进行的资本结构决策。而 Graham 和 Harvey 在 2001 年对广泛样本进行的调查表明，影响公司负债决策的最重要因素是管理层对财务灵活性的需求，财务经理们进行资本结构决策以使他们能够最大化财务灵活性，财务经理们总是运用经验法则来进行资本结构决策。

Baker 等（2011）总结到，问卷调查的研究方法是连接公司财务理论与实践的桥梁。财务灵活性问题来源于财务实践，管理层对财务灵活性的渴望是管理层在进行资本结构决策中非常重要的影响因素。尽管财务学者已经进行了初步的尝试，但资本结构的文献中对财务灵活性的认识和提及还较少，更毋论系统性的全面研究。问卷调查的结果显示，财务灵活性是财务总监们在进行资本结构决策中最为重要的因素，在资本结构的模型中加入财务灵活性对于以往的文献是有益的补充。

二、财务灵活性对公司资本结构的影响研究

DeAngelo 和 DeAngelo（2007）认为，财务灵活性是连接权衡理论、优序融资理论和实际企业融资行为的桥梁。他们认为，不管公司处于成熟期还是成长期，都应该保持低杠杆的目标资本结构。因为当未来产生融资需求时，今天对举债能力的使用就可能为企业未来资金筹集增加难度，从而可能会危及未来的投资项目，因此公司应该采取较低的目标资本结构。

Byoun（2008a）认为，公司保留举债能力是为了能在未来为投资或增长机会融资。公司之所以在仍有充足举债能力时发行权益是由于它们缺乏财务灵活性。在考虑了财务灵活性后，外部融资梯度应该相反。也就是说，信息不对称并不能完全地解释隐藏在公司外部融资决策背后的动机，而财务灵活性能够有效地解释公司为何长期保持较低的资本结构水平。

Clark（2010）研究了所有美国上市公司在 1971～2006 年财务灵活性对资本结构决策的影响，发现在资本结构理论的实证检验中由于没有考虑财务灵活性的边际价值，可能会造成一些误导性的结果。在资本结构模型中考虑了财务灵活性的边际价值后，为一些资本结构的重要问题提供了解答的线索。

首先，Clark 发现当财务灵活性的边际价值高时，传统理论中所说的影响杠杆的因素（如利润率、折旧与摊销费用、固定资产等）就变得不那么重要了，同时其解释能力随着公司的财务灵活性边际价值的增加而减弱，验证了财务灵活性是公司资本结构决策考虑的最重要因素。其次，在控制了财务灵活性的边际价值之后，研究结果表明公司在资本结构决策中遵循 DeAngelo 和 DeAngelo（2007）所提出的权衡理论的修正模型。模型中所做出的关键假定就是举债能力是固定的。因此，公司发行债券就承担了事前的机会成本，即无法在事后进行负债的成本，这一机会成本正是融资优序理论或是传统的税收—财务困境的权衡理论中所忽视的。公司对此进行权衡，从而决定了公司的最优资本结构。这一修正模型虽然表明公司有着长期的目标资本结构，但是财务灵活性边际价值高的公司在需要进行大额融资时，更倾向于发行权益，而非负债，以保留举债能力，并且更显著地倾向于刻意但却是暂时性地偏离其目标资本结构，保持财务灵活性的需求预

测了未来短期债务的发行。这一结果有助于解释为何年轻且高成长性的公司负债比率低于融资优序理论或是传统的权衡理论所预期的资本结构。最后，研究者还指出一旦财务灵活性的边际价值被放入动态调整模型之中，它可以解释 Byoun（2008b）所发现的不对称的调整速度。也就是说，研究者发现财务灵活性的边际价值最高的那些公司更不愿意在其低于目标资本结构时提高杠杆。总体而言，该研究表明了将财务灵活性的边际价值纳入资本结构理论实证研究中的重要性。

DeAngelo 等（2011）建立的经济体模型中假设公司不仅考虑传统的税收—财务困境成本之间的权衡关系，还将与负债相关的机会成本考虑在内。在他们的模型当中，举债能力是有限的，因此今天进行负债融资的决策削弱了公司在未来进行借款的能力。而保留举债能力的期权（其实从广义上说，也就是指公司的财务灵活性）对公司而言是有价值的。他们通过模拟得出的结果说明由于资本结构的理论和实证检验未将这一期权的边际价值纳入讨论框架内，导致对资本结构动态特征的有偏估计，也可能导致一些误导性的实证结果。

Denis 和 McKeon（2012）研究了那些主动提高杠杆，使其资本结构偏离了长期目标资本结构的大型公司。研究者发现，在杠杆初始升高后的其后几年，样本公司降低了它们的杠杆水平。尽管这一后续的公司杠杆变化说明了存在目标资本结构，但是调整的过程很被动（在杠杆提高年份后，公司再融资的比例下降），也很缓慢（在初始杠杆大幅提高年份的七年后，杠杆仍显著高于目标资本结构），说明向目标资本结构靠近并非样本公司决定资本结构时首要考虑的因素。这与权衡理论预期这些大幅提高杠杆水平的公司将会逐步向目标资本结构靠近的观点是不一致的。更有趣的是，样本公司提高负债主要是由投资需求所引起的，而其后对估计的目标资本结构靠近的行为主要取决于公司运营是否产生了财务盈余（如股利、资本支出以及营运资本投资所产生的结余现金流）。这也印证了 Byoun（2008b）所提出的观点。该研究指出，产生财务盈余的公司希望用财务结余来偿还负债，而非提高股利支付或是提高公司的现金持有量。而产生了财务赤字的公司更倾向于运用更多的负债来补偿赤字，尽管它们的杠杆已经高于目标资本结构。

Denis 和 McKeon（2012）认为他们的研究结果同样不支持融资优序理论。在融资优序理论下，公司将运用财务结余提高现金储备（如研究财务闲置资源），并在回购股票之前先偿还债务。与这些预期不符的是，研究者几乎没有找到样本公司增加现金储备或是提高股利支付（回购股票或是提高现金股利）的证据。因此，研究者认为，观察到的杠杆变动更多反映的是公司投资机会以及其现金流的变动，而非传统的权衡理论和融资优序理论所预期的那些因素。总之，研究者认为财务灵活性是资本结构理论中遗失的重要一环。

公司之所以存在财务灵活性的需求，是为了避免错失未来的投资机会。但是，财务灵活性的本质仍然是增加公司价值。如果财务灵活性无法提高公司的投资效率，财务灵活性的存在意义也就值得质疑。那么，意在保留财务灵活性的保守的资本结构政策是否真的能够促进公司的投资水平和投资效率呢？

Mura 和 Marchica（2007）分析了财务灵活性对公司投资的影响。研究发现，在保持一段时间的低杠杆后，财务灵活的公司能够进行更多的资本投资。而且，研究者发现非经常性的大额投资也有显著的提升。

Marchica 和 Mura（2010）提供的经验证据表明，意在保留财务灵活性的保守资本结构政策可以帮助公司保持财务灵活性，而这有利于公司未来的投资。研究结果表明在经历了一段时间的低杠杆后，公司进行了更多的资本支出，并且提高了非经常性投资，财务灵活性公司的投资能力更强。平均而言，连续保留剩余举债能力达三年的公司（即连续三年都被划分为财务灵活的公司），其资本支出可提高37%，并且这些新投资都是通过新发行债务来融资的。不仅如此，长期绩效表明财务灵活的公司不仅投资得更多，并且投资的效果更好。

研究者发现，不管是采用 CAPM 模型还是 Fama 和 French（1993）的三因子模型来计算 60 个月的超额收益，财务灵活的公司收益率都是可观的。运用 Fama 和 French（1993）的三因子模型，财务灵活的公司比市场月平均收益高出 30 个基点。类似地，当财务灵活的公司进行非经常性投资时，它们的长期收益也高于市场的平均表现。但是，研究者发现公司保持低杠杆策略的时间越长，财务灵活性对公司投资能力的提高幅度越小。例如，平均而言，保留剩余举债能力达连续六年以上的公司（即连续六年都被划分为财务灵活的公司）的资本支出提高了约为 28%。

国内学者对于财务灵活性影响公司资本结构决策的研究尚在起步阶段。姜英冰（2004）基于权衡理论，对保持财务灵活性的成因进行了定性分析，认为公司举债过程中的财务困境成本和代理成本促使公司保持较低的负债率，以保持较大的财务灵活性。赵蒲和孙爱英（2004）认为，公司长期采取低财务杠杆的财务保守行为，是因为公司更加注重获得财务灵活性，以防范风险和捕捉未来的投资机会。

综上所述，公司的融资决策并不总是遵循严格的融资优序，公司也并不总是迅速将资本结构调整为目标资本结构。财务灵活性是将资本结构理论与实践中观察到的公司行为相连接的重要一环。财务灵活性原则使得公司更倾向于保持低杠杆的资本结构政策，以保留剩余举债能力，应对公司未来可能面对的现金流和投资机会的波动。然而，对于财务灵活性影响公司资本结构的机制仍不甚清晰，因此，更为全面的研究应该将财务灵活性的收益和成本考虑在内，这是对传统资本结构理论的一次挑战（DeAngelo和DeAngelo，2007；Byoun，2008b；Clark，2010）。

第三节　财务灵活性对公司现金持有政策的影响研究

财务灵活性如何影响公司的资本结构决策是学术界一开始关注的问题，但随着研究的进行，人们逐渐认识到，财务灵活性同时会影响公司的现金持有政策和股利支付政策。Campello 等（2009）、Lins 等（2009）都指出，财务总监们普遍认为公司现金持有量与资本结构的决策是不可分割的。

如果公司保持较高的现金持有量是为了保留财务灵活性，那么财务灵活性的边际价值就应随着持有现金的好处的增加而增加。其中，持有现金的好处可以回溯到 Keynes（1936）所讲的持有现金的投机、预防和交易成本的动机，其中投机和预防动机取决于公司投资和现金流变动的特征。也就是说，在其他条件保持不变的情况下，投资和现金流波动性更大的公司的现金边际价值应该更高。从现金的预防动机来看，公司现金持有量应该与对外部资金的需求量（如成长机会以及现金流变动）正向相关。由于融资摩擦的存在，通过持有现金建立财务闲置资源，将有利于公司优化投资。直观来说，较高的现金持有量使得公司得以更好地投资那些净现值为正的投资项目。因此，由于融资摩擦的存在，对于公司而言，通过选择财务政策来保留财务灵活性，可以应对未来可能发生的资源不足的情况。

Bates 等（2009）提出，持有现金对美国公司是很重要的，其占账面资产的比例逐渐增加。1980 年，美国公司平均现金持有量水平占账面资产的比例仅为 10.5%，而到 2006 年，现金持有量水平占账面资产的比例已超过 23%。并且，研究者发现，现金持有量的上升与公司特征有关，而且主要是考虑现金持有量的预防动机（如现金流的波动以及研发支出）。Opler 等（1999）的一些发现与现金持有量的预防动机（或是财务灵活性原则）是一致的。而且，他们发现观察到的现金持有量与现金流变动、市账比（MB）以及研发投入正向相关。他们同时还发现那些外部融资渠道不畅的公司现金持有量会更高。

Faulkender 和 Wang（2006）、Pinkowitz 和 Williamson（2006）通过横截面回归研究了公司价值（或是超额股票收益率）如何受公司现金持有量的影响，并以此估计了公司流动性的价值。这些研究表明，一美元现金的边际价值对于外部融资成本高的公司（融资约束公司）而言较高。Faulkender 和 Wang（2006）指出，在高成长性的公司中现金的边际价值更高。而 Denis 和 Sibilkov（2010）认为，持有更多现金的公司倾向于投资更多。因此，拥有许多潜在投资机会的公司可能有着相对较高的现金边际价值，并持有更多的现金。Opler 等（1999）和 Acharya 等（2007）也发现了与此相一致的证据，即现金流风险性更高的公司倾向于持有更多的现金。

持有现金的交易成本动机认为公司持有现金是为了避免因外部资本市场融资而产生的相关成本。因此，在其他条件保持不变的情况下，外部融资成本相对较高的公司应该认为现金更有价值。Denis 和 Sibilkov（2010）的证据支持这一观点。他们发现，在融资约束公司中，现金的价值显著更高。总而言之，这些证据表明，管理层管理他们的流动管理政策，以提高财务灵活性，应对公司未来现金流和投资机会的意外变动。

还有一些研究通过分析金融危机对投资的影响探讨现金持有量在公司应对危机中可以发挥的实际作用。Campello 等（2010）对美国、欧洲以及亚洲超过 1000 家公司的财务总监（CFO）进行了问卷调查，研究金融危机对公司投资计划的影响。研究者发现金融危机导致公司投资显著减少，特别是对于那些信用受限的公司而言更是如此。值得注意的是，持有更多现金的信用受限公司表示它们运用这些现金来进行投资。Campello 等（2010）

认为这些结果支持公司建立现金储备是为了应对未来潜在的信贷供给危机的观点。

Duchin 等（2010）对此进行了大样本研究，分析了公司流动性在消除（或是加剧）金融危机产生的实际影响中的作用。在他们的实验设计中，将金融危机作为信贷供给的一种外部冲击，并运用双重差分法（Difference - in - Differences）比较了金融危机前后投资水平随公司现金持有水平变化的情况。他们的研究表明，对于现金持有量低的公司而言，投资减少的幅度更大。

Ang 和 Smendema（2011）研究了公司是否会调整财务政策（主要是现金持有量政策）来为未来的衰退做准备。研究者假设了在经济衰退中财务灵活性的其他来源，如信用额度、现金流、资产销售，以及举债能力都会枯竭，因此，在衰退期，持有现金显得更为重要。然而，与此预测不符的是，研究者发现，现金持有量实际上与预示衰退风险的事前指标是负向相关的。但是，研究者认为这种结果是由那些无法建立现金储备的公司样本所导致的，这可能是因为它们受到了融资约束，或者是由于它们事前的现金持有量很低。而对于融资约束较少或是有着较高现金持有量的公司，研究者发现公司会建立现金持有量以应对未来的衰退。

上述研究主要关注现金持有量在减少由外部融资成本导致的潜在投资不足所产生的积极作用，因此在假定留存的现金能够在未来产生效益的前提下，拥有过剩现金流的公司应该留存现金。然而，尽管持有现金会提高公司的财务灵活度，但伴随着公司持有现金，提高流动性，也会产生一些问题。

Jensen 和 Meckling（1976）、Jensen（1986）认为自利的管理层在缺乏监管的情况下，有可能将公司的现金用于满足自身私利。当公司的自由现金流很高时，管理层倾向于将自由现金流浪费在负净现值的项目上。因此，当管理层建立财务闲置资源，在投资机会少的时候过度投资，那么对于公司而言，维持高现金持有量反而会有损公司价值。换句话说，如果正如 Jensen（1986）所言，管理层有动机追求没有价值的投资项目，那么持有过剩的现金流对于股东来说就代价高昂了。如果真是如此，那么那些特别难以发现代理问题的公司会发现持有现金成本更高，也就难以保持财务灵活性。过剩的现金流应该通过现金股利或是股票回购的方式支付给股东，而不是以现金持有量的方式留存下来。基于这些考虑，DeAngelo 和

DeAngelo（2007）总结到，由于税收和代理成本的存在，内部资金是有成本的，因此管理者不能依赖现金来为未来不可预料的投资机会或是盈利短缺融资，最优财务政策应该是维持低现金持有量。而与此预测相符，Dittmar 和 Mahrt – Smith（2007）也认为现金的边际价值随着公司治理质量的提升而提高。

除此之外，Billett 和 Garfinkel（2004）研究了金融行业的财务灵活性，发现财务灵活性较高的银行现金及可市场化债券在资产中的比例较小，这说明财务灵活性降低了公司利润对内部财富的冲击，因此降低了公司持有财务闲置资源的要求。Tong（2011）则分析了公司现金持有量的价值是否取决于公司结构。Tong 指出，现金在多元化公司的价值显著低于单部门公司。这一基本发现与两个假设相符。首先，Subramaniam 等（2011）认为多元化可能会降低融资摩擦。因此，持有现金的价值在多元化公司较小。其次，现金持有量的价值在多元化公司较低，可能是因为它是集团结构所导致的代理成本的副产品。例如，过剩的现金持有量可能用于投资利润较少的部门。

综上所述，财务灵活性的考虑使得公司倾向于持有现金，以更好地把握投资机会，并增强公司对突发情况与未预期风险的抵御能力。然而，随着财务灵活度的提高，现金的税收和代理成本也逐渐增加，从而使得公司财务灵活性水平同时受公司治理质量所影响。

第四节　财务灵活性对公司股利政策的影响研究

上述文献提供了从理论到实证的证据，表明公司通过管理现金持有量以及资本结构政策获得了财务灵活性。由于财务灵活性来源于剩余举债能力和现金持有量，而剩余举债能力和现金持有量具有一定的替代效应，所以股利政策的制定同时受剩余举债能力和现金持有量的影响。因此，财务灵活性对公司股利政策的影响是通过对公司融资行为和现金持有量的作用来实现的，公司同样可以通过股利政策来影响其财务灵活性水平。

当公司产生的现金流超出现时的投资需求时，就面临着抉择，即将这些现金流以股利的形式发放给股东，还是留存这些现金以应对未来的需求。

因此，有着高额外部融资成本与投资机会波动性大的公司将有动机接受低股利支付的政策。这一预测与 Almeida 等（2004）的研究发现相符。他们发现外部融资成本高的公司倾向于将更多的现金流留存为现金。也就是说，公司不愿意将现金流分配给股东。Rapp 等（2012）对 23 个国家的上市公司在 1998 ~ 2008 年的数据进行研究后也发现，财务灵活性的价值是公司股利政策的一个重要决定因素，财务灵活性边际价值高的公司倾向于限制甚至避免股利的发放。

然而，如上所述，投资机会相对较少的公司面临着现金持有的高代理成本。因此，价值最大化的股利政策是高股利。DeAngelo 和 DeAngelo（2007）指出，由于存在代理成本和公司税收，内部资金是有成本的，但公司必须从现在开始培育外部资本市场的融资渠道。所以，对于那些拥有自由现金流的公司而言，不能单纯依靠负债来限制它们的现金持有量，而是应该通过股利支付的形式来减少代理成本以及相应带来的公司税收问题。同时，股利支付还有助于说服外部投资者管理层会持续发放股利，从而减少公司的资产估值问题。因此，公司应该提高股利支付。Officer（2011）也对财务灵活性的这一弊端进行了讨论，为过度投资假设的代理成本问题提供了经验证据。他分析了公司首次发放股利时股价的反应。研究结果表明，股利确实约束了那些成长机会较差的公司投资没有价值的投资项目。首先，他发现相比于高托宾 Q 值和低现金流的公司而言，低托宾 Q 值和高现金流的公司（也就是那些潜在的自由现金流问题最为严重的公司）在首次发放股利时表现出较高的超额收益率。其次，一般而言，首次发放的股利额约占公司现金持有量的 25%，也占到公司资本支出和研发支出两项总和的 20%。因此，发放的股利额度足以有效地约束管理层的过度投资行为。最后，在公司首次发放股利的前一年，这些公司与同行业的其他公司相比倾向于持有更多的现金（约为总资产的 4% ~ 6%）。然而，在首次发放股利之后，低托宾 Q 值和高现金流的公司减少了它们的现金持有量，以致在首次发放股利的三年后，它们持有的现金已与同行业的其他公司无异。与此同时，其他首次发放股利的公司则继续维持高的现金持有量。这些研究结果表明，公司运用股利发放来管理公司流动性，从而降低公司过度投资行为的代理成本。

财务灵活性的考虑还可能影响了股利支付的形式。Linter（1956）指出，管理层倾向于保持现金股利的稳定，只有在他们能够保证近期不会被迫降低现金股利时才会考虑提高股利支付。这表明股利政策是具有黏性的，公司不愿意减少股利支付，因此，支付现金股利的公司大多是已经稳定、相对成熟的公司（Fama 和 French，2002；DeAngelo 等，2006；Denis 和 Osobov，2008）。而股票回购则是一种更为灵活的股利分配形式，可以根据现有现金流是持续性现金流还是暂时性现金流来决定。在对财务总监（CFO）的问卷调查中，Brav 等（2005）指出，超过 90% 的问卷受访者声明削减股利是非常严重的行为，而只有 20% 的受访者认为减少股票回购这种行为同样严重。因此，当公司获得了一大笔现金流时，公司可能会采用股票回购的方式向股东发放股利，但是并不愿意通过提高股利支付而限制未来的灵活性。进一步来说，这种用股票回购替代股利支付的行为在外部融资需求高的公司中更为普遍。

Jaggannathan 等（2000）认为，股利是持续性的发放，因此应来源于稳定的现金流。而对于那些临时性的现金流，公司则采用股票回购的方式支付给股东。所以相比于股利支付而言，股票回购更具周期性。股利支付增长很缓慢，而股票回购则波动很大，同时随着商业周期有所变动。在繁荣时期，公司股票回购数量的提高与股利增长不成比例；在衰退时期，股票回购的数量减少得更多。尽管股利仍然是公司给予股东回报的主要形式，但股票回购却更能解释公司股利在时间序列上的变动。因此，研究者预期当公司财务灵活性的价值最高的时候，公司应选择股票回购，而非股利。例如，当用于支付的现金流是公司的临时现金流时，可能性就更高了。研究结果发现，经营性现金流是可持续的，而非经营性收入是临时性的。经理们倾向于使用持续性的现金流来支付股利，而采用股票回购来支出临时性的现金流。因此，股利增长来源于持续性的现金流。相比于发放现金股利的公司而言，进行股票回购的公司现金流更具波动性（营业收入的标准差较高），同时有着更高的非营运现金流。也就是说，当公司现金流波动使它们更有可能面临外部融资摩擦时，公司更有可能以股票回购的形式发放超额现金。

Lie（2005）研究了公司财务灵活性与经营业绩的变动对公司股利政策选择的影响。研究结果表明，只有当公司有着剩余的财务灵活性，或是获得额外的收入，以及收入的波动性降低时，才会选择提高股利发放，但并没有找到太多证据支持公司后续的业绩变好的结论。而对于公司削减股利的行为，则恰恰相反。因此，公司变动其股利支付水平可以揭露公司近期收入与运营风险的信息。

Bonaime 等（2011）考虑了公司股利支付的形式是否受到公司风险管理政策的影响。Bonaime 等假设，如果公司的对冲需求通过其他方式实现，那么公司在股利支付中对财务灵活性的需求就会下降。与此假设相符，他们发现公司运用衍生产品来进行对冲的程度影响了股利支付的水平和形式。他们的研究因此得出了一个更为普适的结论，也就是财务灵活性与公司财务政策的联系需要在公司总体风险管理政策的框架下考察。

综上所述，关于财务灵活性对公司股利政策的影响，学者们存在分歧。一些学者认为，由于公司持有现金可能导致代理成本的上升，因此财务灵活性边际价值高的公司应该选择高现金股利政策，以使公司未来需要资金时可以通过权益融资的方式获得资金。而还有一些学者认为，股利政策是公司资本结构决策和现金持有决策的一种结果。财务灵活性对公司股利政策的影响应该与其对资本结构和现金持有量的影响机制相同。当公司财务灵活性边际价值高时，更倾向于保留现金，应该减少现金股利的发放。而关于股利形式选择的研究结果较为一致，学者们普遍认为，外部融资需求高、现金流波动性较大的公司更倾向于选择股票回购的方式，以减少股利黏性可能带来的负面影响。

第五节　文献总结和评述

回顾文献我们可以看出，学者们通过问卷调查已经发现了财务灵活性在公司财务决策中的重大作用，并进行了相应的实证研究。学者们认为，财务灵活性是公司资本结构决策中的重要一环，是传统资本结构理论中遗漏的重要变量（DeAngelo 和 DeAngelo，2007）。财务灵活性的需求使得公司倾向于保留举债能力，因此这一假设可以解释公司拥有剩余举债能力却仍选择不借入债务，依然保持低杠杆的行为。

随着研究的深入，学者们开始不仅仅关注财务灵活性在公司资本结构决策中的作用，他们发现，财务灵活性还会影响现金持有政策和股利政策。一部分学者认为，公司应该增加现金储备，以获得财务灵活性。而还有一些学者认为，公司财务灵活性的主要来源应该是剩余举债能力，增加公司的现金储备反而会造成代理问题。公司应代之以高现金股利政策，以使公司未来需要资金时可以进行权益融资。

正如 Denis（2011）指出的，近年来，一些文献提供了可信的证据表明，对于那些有着超额现金流和较差的未来成长机会的公司而言，股利支付是有价值的。对于那些需要财务灵活性的公司而言（也就是那些未来有可能进行成本高昂的外部融资的公司），本可以采取低股利政策（甚至零股利政策），却仍然进行股利支付。还有一些学者则认为，股利政策是公司的资本结构政策和现金持有政策的结果，财务灵活性需求高的公司应该减少现金股利的支付，以保持自身的财务灵活性。因此，对于财务灵活性需求高的公司应该提高股利支付还是降低股利支付仍然没有达成一致的意见。而关于股利发放形式的研究结果则较为一致，学者们普遍认为，只有当公司获得了长期的可持续的现金流时，才会选择提高现金股利的支付，而且公司会采用股票回购替代现金股利的方法来保留自己的财务灵活性。

综上所述，财务灵活性在财务实践中的重要性已经得到了财务高管们的一致认同，但理论上对财务灵活性的系统性探讨还较少。并且，学者们对于财务灵活性的来源以及其对公司财务政策的影响机制都存在些许争议，融资约束通过财务灵活性影响公司财务政策的机制尚未彻底厘清，仍然有一些问题没有得到解答。总之，财务灵活性如何影响公司财务决策是公司财务研究的前沿课题，但我国学者对此课题的研究仍相对匮乏。要更为系统地研究财务灵活性问题，至少还有以下几个问题尚待解决：

首先，财务灵活性的考虑在多大程度上影响了公司的财务决策？财务灵活性对公司财务政策的影响机制是什么？财务灵活性是一个独立的研究视角还是仅仅是传统公司财务理论的延伸？财务灵活性既是公司财务决策的原因，又成为公司财务政策的结果。财务灵活性法则会影响公司的财务决策，然而公司通过资本结构政策、现金持有政策以及股利政策又会反过来在多大程度上影响其财务灵活性？那么，在实证设计中，如何通过研究设计来避免以往财务灵活性研究中难以回避的内生性问题？

其次，财务灵活性原则影响着公司资本结构政策、现金持有政策和股利政策的制定，因此透过这一视角可以将公司财务政策作为一个整体来进行研究。虽然学者们研究了财务灵活性对公司各项财务政策的单独影响，但尚未厘清公司财务政策在决策过程中如何进行权衡，以及公司财务高管更看重哪项公司财务政策。

最后，外部融资环境对公司财务政策的影响，需要通过公司所面临的融资约束来产生，当公司储备财务灵活性时，就可以减少融资约束对公司价值的负面作用。那么，公司如何根据财务灵活性原则来决策，从而最大程度地减少外部融资环境非预期变动带来的负面影响？外部融资环境通过财务灵活性作用于公司财务政策的影响机制又是什么？

本书希望能够对上述问题做出回答，首先厘清财务灵活性对公司财务决策的影响机制；其次通过引入外部融资约束的实证设计，一方面研究公司在外部环境约束中如何在不同的财务政策之间进行权衡和选择，另一方面尽可能地降低内生性问题的可能性。简言之，本书将从以下几个问题着手来进行研究：

第一，财务灵活性对公司财务决策的影响机制是什么？

第二，外部融资环境变动下财务灵活性如何发挥作用？

第三，公司财务政策在实践中如何进行权衡？

本书力图在以上方面有所突破，不仅要对财务灵活性在公司财务决策中发挥的作用进行实证检验，还要通过引入外部融资约束这一变量，厘清公司在外部融资环境变动下的决策机制，为财务灵活性假说提供更为直接同时也更具说服力的证据。

第三章　财务灵活性对公司财务政策的影响机理

通过文献回顾，可以发现财务灵活性在公司财务决策中的作用已经得到了大多数学者的认可。但是对于其影响公司财务政策的机制还未深入探讨。本章主要研究财务灵活性对公司财务政策决策的影响机制，厘清财务灵活性对公司三大财务政策（资本结构政策、现金持有政策和股利政策）的影响机理。

第一节　研究背景

学者们认为，传统的资本结构理论主要有静态权衡理论和融资优序理论，但是迄今为止，没有一个理论能够完全解释资本结构所有的问题，例如，企业为何长期采取低杠杆的财务行为，为何公司在仍有充足的举债能力可以应对投资需求时选择权益融资。

Lemmon 和 Zender（2004）认为发行权益的公司之所以避免发行债券，是因为害怕陷入财务困境，或是为未来投资保留财务闲置资源。Fama 和 French（2002）、Leary 和 Roberts（2005）进一步指出，当投资增加（或现金流减少）时，公司更有可能进行权益融资。但是，大部分的权益融资实际上发生在公司仍有足够的举债能力以满足公司的投资需求的时候。Fama 和 French（2005）总结到，融资优序理论作为资本结构的一个独立理论已经死了，因为美国公司的权益融资行为相当普遍，而且即使这些公司的杠杆水平处于中等，还存在融资额度时也依然如此。因此，融资优序理论所预测的权益融资是最后一种融资选择的观点与事实不符。它很难解释权益融资为何是一种普遍现象，而并非像理论预期的一样是最后一种融资选择。特别是它难以解释那些小型和高成长性的公司的行为，也就是那些面临逆向选择问题最为严重的公司，其遵循融资梯度的可能性应该最小。静态权衡理论也同样受到了挑战。Denis 和 McKeon（2012）将有意使其资本结构高于估计的长期目标资本结构而持续借入债务的公司分离出来。结果发现，在接下来的几年中，样本公司杠杆水平的下降并不迅速，同时也不是为了使公司的资本结构向长期目标资本结构靠拢。Denis 和 McKeon 进一步指出，不管在任何时点上，公司的杠杆率都包含了长期的部分和临时的部分。其中，长期的部分表明了公司的长期目标资本结构，而临时的部分则反映出公司的现金流和运营需求。当公司有融资需求时，公司会借入资金，来把握投资机会。只有当公司认为未来所产生的现金流足够保障公司的运营需求时，公司才会偿还债务以向其目标资本结构靠拢。

随着财务灵活性在资本结构决策中的作用受到关注，学者们逐渐就财务灵活性对公司资本结构决策的影响展开了讨论。Graham（2000）研究表明公司为了未来的扩张或收购，会刻意保留举债能力。Graham 和 Harvey（2001）指出，影响公司负债决策的最重要因素是管理层对财务灵活性的需求。Goldstein 等（2001）注意到公司今天保持低杠杆水平，是为了获得在未来可以提高杠杆的期权。学者们认为财务灵活性假说可以解释公司的资本结构决策，尤其是公司为何保留举债能力。Byoun（2007）的实证研究发现，相比于小公司而言，大公司倾向于发行更多的债券而非权益，这确实更为符合融资优序理论的预测，但财务灵活性的考虑却能更好地解释小公司的低杠杆行为。Byoun（2008a）进一步表明，小公司选择较低的资本结构，不是因为内部现金流或是债务融资（如融资优序理论的预测），而是由于增加了权益融资。由于负债的契约条款对于融资和投资决策往往有所限制，而且对于规模小、处于成长期的公司而言尤其严格，当小公司避免进行杠杆融资时，它们会更积极地进入外部权益市场。权益融资使得小公司得以获得资金，而不会有损公司财务灵活性。因此，公司对财务灵活性的需求可以很好地解释小公司采取低杠杆并且依赖权益融资的行为。

由于剩余举债能力和现金持有量具有一定的替代效应，而股利政策的制定则同时受剩余举债能力和现金持有量的影响，因此，除了影响公司资本结构之外，财务灵活性的考虑还会影响到公司的现金持有政策和股利支付政策。

一些学者认为，公司通过持有现金，保持一定的流动性，提高公司的财务灵活性，可以增强公司抵御风险的能力。DeAngelo 和 DeAngelo（2007）发现公司发行股票是为了解决对现金的迫切需求。McLean（2007）认为公司将权益发行所得作为现金持有是由于"预防动机"。Goldstein 等（2001）同样发现金融机构通过持有过剩的流动性以应对未来不可预料的损失（不经常发生但有着重要影响的风险），以获得竞争优势，从而获得有竞争力的定价和更高的利润。Motyka 等（2005）也发现财务机构保留多余的流动性以应对不可预计的损失（不常发生但会产生巨大影响的高风险），从而可以获得竞争优势来进行更具进攻性的定价策略和获得更大的利润空间。

但是，还有学者指出，提高公司的现金持有量，反而可能引起代理问题。因此，公司应该通过高股利的方式来管理公司的流动性，特别是对于那些未来投资机会较少的公司而言更是如此。如 Officer（2011）指出，那些最需要建立预防性的现金储备的公司（如高托宾 Q 值和低现金流的公司）选择了能够保留较高现金持有量的低股利发放水平。相反的是，那些低托宾 Q 值和现金流较高的公司则选择了一种降低它们现金持有量的高股利水平。因此，公司可以通过股利政策来管理公司的流动性，以避免高现金持有量和低投资机会（托宾 Q 值）可能带来的代理成本问题。

也有学者认为，外部融资约束高以及预期现金流不稳定的公司应该减少股利发放，而代之以股票回购的方式。Jaggannathan 等（2000）指出，当公司现金流更具不确定性，从而使它们更有可能面临外部融资摩擦时，公司将更有可能以股票回购的形式发放超额现金。Lie（2005）的实证结果发现，提高股利支付的公司往往存在着剩余的财务灵活性。Rapp 等（2012）也提出，财务灵活性使得公司更倾向于回购股票，而非发放现金股利。

从文献回顾可以看出，以往文献中对财务灵活性影响资本结构决策的经验证据往往表明公司基于财务灵活性的考虑，采取保守的资本结构政策，保留举债能力，以应对未来不可预期的资金需求。财务灵活性假说可以更好地解释公司为何采取保守的资本结构政策或是为何在外部融资时更倾向于发行权益而非负债。财务灵活性假说与标准权衡理论和融资优序理论的假设最为不同的一点是，其意识到了在融资行为中存在上限，目前借款的机会成本就是未来可能无法借款。因此，事前最优财务政策应保留公司在未预期的盈利下滑或是投资机会到来时可以通过资本市场进行融资的能力。可以说，财务灵活性对公司资本结构的影响研究主要是将公司现金流的变动和未来投资机会等方面的因素纳入研究框架之中。

然而，一些学者在认可财务灵活性在资本结构决策中的重要作用的同时，也认为财务灵活性实际上是传统资本结构理论的延伸，财务灵活性是以往资本结构理论中一个遗漏的变量，加入这一变量仅仅是为传统理论提供了更为完美的解释。在 Myers 和 Majluf（1984）的融资优序理论中，提出公司渴望储备财务闲置资源以避免公司对外部资金的需要。DeAngelo 和 DeAngelo（2007）认为，Myers 和 Majluf（1984）的融资优序理论可以看作是唯一一个能够认识到财务灵活性价值的理论。Pinegar 和 Wilbricht（1989）也认为其调查结果支持融资优序理论与财务经理们偏好财务灵活性并不矛盾。这似乎表明财务灵活性与融资优序理论背后的理念是一致的。Clark（2010）认为，公司在资本结构决策中遵循 DeAngelo 和 DeAngelo（2007）以及 DeAngelo 等（2011）所提出的权衡理论的修正模型。

Byoun（2008a）却认为，财务灵活性在问卷调查结果中所显示的重要性与融资优序理论中的信息不对称（包括公司规模和股利发放水平）或是成长期权发挥作用的方式并不相关。深度调查表明，管理层对财务灵活性的渴望并非受到融资优序理论预测的那些因素所驱动。融资优序理论并不能很好地承载这个概念，因为它有众多限定条件，使其无法就财务灵活性对公司财务政策的影响进行有效的分析。因此，尽管财务经理们认为财务灵活性是有价值的，但仍不足以证明融资优序理论就是财务决策的正确法则（Opler 等，1999）。实际上，财务灵活性对于那些支付股利的公司在统计上显得更为重要，这与理论预期是相反的（因为支付股利的公司的信息不对称程度相对较低）。他还指出，传统的税收—财务困境成本的权衡理论也没法承载财务灵活性这个概念，因为财务困境成本也同样是由信息不对称问题引起的，并且权衡理论也未将财务灵活性纳入理论的框架之中。因此，关于财务灵活性在资本结构文献中的地位还存在些许争议。

综上所述，本书不仅要厘清财务灵活性对公司资本结构政策、现金持有政策以及股利政策的单独影响，并且还要厘清财务灵活性对公司资本结构的影响机制，需要界定财务灵活性是传统的资本结构理论中的遗漏变量，还是独立的研究视角。如果财务灵活性仅仅是传统资本结构理论的延伸，那么财务灵活性的视角提供的经验证据应该能运用以往的资本结构理论加以阐释。如果公司资本结构政策呈现的特征与传统的资本结构理论不相符，却能用财务灵活性假说加以解释，那么财务灵活性就可被看作是独立的视角。

第二节　理论分析与研究假设

我们首先要研究财务灵活性对公司资本结构决策的影响机制。如果财务灵活性影响了公司的资本结构决策，那么公司就应该在财务灵活性边际价值高的时候降低杠杆，也就是增加公司的剩余举债能力，以获得财务灵活性增加带来的价值增长；在财务灵活性边际价值低的时候提高杠杆，也就是减少公司的剩余举债能力，以减少在高财务灵活性水平下公司所承受的机会损失。也就是说，当公司资本结构的决策考虑财务灵活性时，那么从理论上说，财务灵活性边际价值与公司资本结构应该呈现出显著的负相关关系，财务灵活性边际价值越高的公司，越倾向于保持低的杠杆水平，据此提出以下假设：

H1：财务灵活性边际价值与公司资本结构呈现显著负相关关系，财务灵活性边际价值高的公司更倾向于保持较低的杠杆水平。

其次，关于财务灵活性是否是独立于融资优序理论和权衡理论的一种研究视角的检验，需要借助剩余举债能力这一概念来进行判断。从财务灵活性的角度来看，财务灵活性边际价值高的公司，更倾向于保留自身举债能力，因此相应的剩余举债能力应该越高。也就是说，财务灵活性的边际价值将与公司剩余举债能力呈现显著的正相关关系。

关于融资优序理论，学者们认为，由于 Shyam – Sunder 和 Myers（1999）没有考虑到小规模公司可能存在举债能力上限，因此，发行权益并不能表明融资优序理论不成立，还有可能是由于小公司达到举债能力上限后无法运用负债来满足投资需求。而 Lemmon 和 Zender（2010）将公司的举债能力考虑在内，对融资优序理论重新进行了检验。结果表明，当考虑了公司的举债能力时，公司的外部融资行为符合融资优序理论的预期，公司更倾向于发行债务而非权益。公司存在举债能力的上限，在很大程度上解释了公司外部权益融资的行为。因此，规模小、高成长性公司的权益融资行为也是举债能力所致，融资优序理论在很大程度上能够解释公司的融资行为。根据融资优序理论的预测，当公司拥有剩余举债能力时，在进行外部融资时应首先选择负债融资。公司剩余举债能力不受财务灵活性边际价值的影响，财务灵活性的边际价值与其剩余举债能力之间不存在显著的相关关系。

根据传统的权衡理论，当公司存在剩余举债能力时，即公司实际资本结构低于目标资本结构时[①]，公司不论其财务灵活性边际价值的大小，都应该通过发行债务来提高杠杆，以接近目标资本结构。因此，在这种情况下，公司财务灵活性的边际价值与其剩余举债能力之间也应不存在显著的相关关系。

因此，要检验财务灵活性假说是否与传统的权衡理论不同，首先就要检验财务灵活性边际价值是否影响了公司保留剩余举债能力的倾向。由此提出以下假设：

H2：财务灵活性边际价值与公司保留剩余举债能力的概率呈显著正相关关系，财务灵活性边际价值高的公司更倾向于保留剩余举债能力。

当然，仅仅凭借财务灵活性边际价值与公司剩余举债能力之间的相关关系，还不能完全得出结论。因此，还需要进一步检验公司的资本结构变动受哪些因素影响。

根据融资优序理论，当公司存在融资需求时，应该首先依赖内部现金，而当公司存在融资缺口时，在债务融资和权益融资之间应该优先选择债务融资，也就是说当公司融资缺口为正时，公司在融资后会导致杠杆水平的提高。而根据权衡理论，当公司实际资本结构与目标资本结构之间的差距越大时，公司越倾向于通过调整自身资本结构来向目标资本结构靠拢。公司拥有剩余举债能力，意味着公司实际资本结构低于目标资本结构。因此，剩余举债能力越大的公司应该越倾向于进行债务再融资，以提高自身杠杆，向目标资本结构靠拢。

然而，根据财务灵活性假说，财务灵活性边际价值高的公司，在再融资时倾向于进行权益融资，而不倾向于使用负债。这意味着即使同是拥有剩余举债能力或是融资缺口为正的公司，是否选择提高杠杆仍然会因财务灵活性边际价值的不同而不同。因此，我们进一步检验公司债务再融资的

[①] 根据 Merchica 和 Mura（2010）的方法，公司剩余举债能力等于估计的目标资本结构与实际资本结构的差值，此时公司拥有剩余举债能力意味着其实际资本结构低于目标资本结构；而根据赵蒲和孙爱英（2004）的方法，公司剩余举债能力等于公司所处行业平均负债率与公司实际资本结构的差值，此时公司拥有剩余举债能力意味着其资本结构低于行业平均负债率。由于一些学者在实证研究中会将行业平均资本结构作为目标资本结构的一种简单替代，因此也可视作公司实际资本结构低于目标资本结构。

概率与财务灵活性边际价值之间的关系，提出如下假设：

H3：财务灵活性边际价值与公司提高杠杆的概率呈现显著的负相关关系，财务灵活性边际价值高的公司更不倾向于提高杠杆。

因此，若假设 H3 成立，则说明即使当公司的实际资本结构低于目标资本结构或存在正向融资缺口时，公司仍然可能根据其自身所处的财务灵活性水平来选择是否借入负债，也就说明除了融资优序理论和静态权衡理论之外，财务灵活性可以作为独立的视角解释公司资本结构的变动。

理论上，杠杆水平越低，现金持有量越高，公司财务灵活度越高；杠杆水平越高，现金持有量越低，公司财务灵活度越低。在财务灵活度一定的条件下，剩余举债能力和现金持有量具有一定的替代效应。因此，关于财务灵活性影响公司现金持有政策，提出如下假设：

H4：财务灵活性边际价值与公司现金持有量呈现显著的正相关关系，财务灵活性边际价值高的公司现金持有量更高。

股利支付通过影响公司的现金持有量也会影响公司的财务灵活度水平，财务灵活性对现金股利政策的影响与其对现金持有政策的影响机制相似。当财务灵活性边际价值高时，公司倾向于保留现金，也就是减少现金股利的发放水平；而当财务灵活性边际价值低时，公司倾向于多发放股利。但是，也有一些学者认为，公司可以通过多发放股利来减少公司面临的信息不对称，从而降低公司未来进行权益融资的难度（如 DeAngelo 和 DeAngelo，2007）。在这种情况下，财务灵活性边际价值高的公司反而应该多发放股利，以提高未来成功进行权益融资的概率。因此，关于财务灵活性边际价值与公司现金股利之间的关系，提出以下假设与备择假设：

H5a：财务灵活性边际价值与公司现金股利水平呈现显著的负相关关系，财务灵活性边际价值高的公司发放的现金股利水平较低。

H5b：财务灵活性边际价值与公司现金股利水平呈现显著的正相关关系，财务灵活性边际价值高的公司发放的现金股利水平较高。

关于股利发放方式的选择，国外普遍以公司在现金股利与股票回购两种方式之间选择来进行研究。从我国的实际情况来看，由于基本不允许股票回购，我们可以将股票股利作为现金股利的一种替代选择来进行相应的研究。在发放股票股利时，公司并未支出现金，从而保留了自身的财务灵活性。研究公司在股票股利与现金股利之间选择的决策，可以得出财务灵活性对公司股利政策的影响。当公司财务灵活性边际价值高时，公司会选择保留财务灵活性，将更多地发放股票股利；而当公司财务灵活性边际价值低时，则更倾向于发放现金股利。

H6：财务灵活性边际价值与公司发放股票股利的概率呈现显著的正相关关系，财务灵活性边际价值高的公司更倾向于发放股票股利。

第三节　实证研究设计

一、数据来源和样本选取

本部分以 2001 ~ 2010 年所有 A 股上市公司为样本，剔除 ST 或 PT 的公司、金融类企业、数据不完整以及数据异常①的观测值，考察了财务灵活性对公司财务政策的单独影响。其中，公司财务数据全部来源于 CSMAR 数据库和 RESSET 数据库（www. resset. cn），公司最终控制人的数据来源于 WIND 数据库。

二、变量定义与计算

（一）财务灵活性的边际价值

根据 Clark（2010）的观点，现金边际价值的影响因素与 Gamba 和 Triantis（2008）论证的财务灵活性价值的影响因素相同。现金的边际价值是公司成长机会以及外部融资成本的增函数，是现金持有成本以及资本可逆性的减函数。并且，现金的边际价值受这些因素影响的方向与财务灵活性边际价值所受影响的方向相同。因此，Clark（2010）认为现金的边际价值可以作为财务灵活性边际价值的有效代理变量。现金的边际价值度量股东财富变动对公司现金持有量变动的敏感程度，因此用公司权益市值变动对公司现金变动进行回归时，相应系数就是公司现金的边际价值，表示公司每增加一单位现金持有量所带来的股东财富的增加额。本书借鉴以上方法

---

① 数据异常的观测值包括 g 大于 20 或小于 -20，以及股利支付率低于 0 或是大于 20 的观测值。

来计算财务灵活性的边际价值。

估计方程的因变量为 2001～2010 年年度累计超额收益率（CAR）。借鉴 Clark（2010）的方法，本书根据 Fama - French 三因子模型估计得出当年月度累计超额收益率，而后加总得出该年年度累计超额收益率（CAR）。首先运用估计样本年度前 60 个月的月度收益率估计出相应系数，其次根据相应系数估计出正常收益率，而后计算得出月度累计超额收益率，最后加总得到年度累计超额收益率，作为方程因变量 $R_{i,t}$。

借鉴 Clark（2010）、Faulkender 和 Wang（2006）的方法，本书采用如下估计方程估计现金的边际价值：

$$R_{i,t} = r_0 + r_1 \frac{\Delta C_{i,t}}{M_{i,t-1}} + r_2 \frac{C_{i,t-1}}{M_{i,t-1}} \times \frac{\Delta C_{i,t}}{M_{i,t-1}} + r_3 L_{i,t} \times \frac{\Delta C_{i,t}}{M_{i,t-1}} + r_4 \frac{\Delta E_{i,t}}{M_{i,t-1}} + r_5 \frac{\Delta NA_{i,t}}{M_{i,t-1}} +$$

$$r_6 \frac{\Delta I_{i,t}}{M_{i,t-1}} + r_7 \frac{\Delta D_{i,t}}{M_{i,t-1}} + r_8 \frac{C_{i,t-1}}{M_{i,t-1}} + r_9 L_{i,t} + r_{10} \frac{NF_{i,t}}{M_{i,t-1}} + \varepsilon_{i,t} \qquad (3-1)$$

其中，$R_{i,t}$ 是公司年度累计超额回报率；$\Delta X_{i,t}$ 是公司 i 对应的所有变量 X_i 从 t-1 时期到 t 时期发生的变动额；C 是现金及有价证券，即货币资金和交易性金融资产；E 为息税前利润加上折旧和摊销（EBITDA）；NA 为公司总资产扣除现金后的净值；I 为利息支出；D 为现金股利总额；NF 是年度融资净额，等于长期负债的增加额加上权益融资净额；M 为权益市值。而其中的 L 则是采用 Clark（2010）的方法对以下模型的估计值：

$$L_{i,t} = \alpha_0 + \alpha_1 \frac{CF_{i,t}}{TA_{i,t}} + \alpha_2 MB_{i,t} + \alpha_3 \frac{Dep_{i,t}}{TA_{i,t}} + \alpha_4 Size_{i,t} + \alpha_5 \frac{FA_{i,t}}{TA_{i,t}} + \upsilon_{i,t} \qquad (3-2)$$

方程因变量为账面值杠杆 $L_{i,t}$，等于公司负债/总资产；$CF_{i,t}$ 为公司现金流，定义为息税前利润（EBIT）；$Dep_{i,t}$ 为公司折旧和摊销；$FA_{i,t}$ 为公司固定资产。最后得出估计模型（3-2）的估计结果如表 3-1 所示。

表 3-1　杠杆估计模型回归结果

模型	(3-2)
Intercept	-0.0693 ***
	(-2.71)
$\dfrac{CF_{i,t}}{TA_{i,t}}$	-0.3742 ***
	(-22.43)

模型	(3 - 2)
$MB_{i,t}$	- 0. 0213 ***
	(- 29. 26)
$\dfrac{Dep_{i,t}}{TA_{i,t}}$	0. 5695 ***
	(7. 83)
$Size_{i,t}$	0. 0300 ***
	(25. 26)
$\dfrac{FA_{i,t}}{TA_{i,t}}$	- 0. 1151 ***
	(- 12. 40)
样本数	14847
F 值	476. 06 ***
调整 R 平方	13. 79%

注：表中括号内为 t 统计值，*** 表明在 1% 的显著性水平上显著。

从而可得杠杆水平的估计值为：

$$\hat{L}_{i,t} = - 0.0693 - 0.3742 \times \frac{CF_{i,t}}{TA_{i,t}} - 0.0213 \times MB_{i,t} + 0.5695 \times \frac{Dep_{i,t}}{TA_{i,t}} +$$

$$0.0300 \times Size_{i,t} - 0.1151 \times \frac{FA_{i,t}}{TA_{i,t}} \qquad (3 - 3)$$

将此估计方程（3 - 3）的值代入估计模型（3 - 1）进行回归，得出回归结果如表 3 - 2 所示。

表 3 - 2　现金边际价值估计模型回归结果

模型	(3 - 1)
$\dfrac{\Delta C_{i,t}}{M_{i,t-1}}$	4. 9731 ***
	(16. 24)
$\dfrac{C_{i,t-1}}{M_{i,t-1}} \times \dfrac{\Delta C_{i,t}}{M_{i,t-1}}$	0. 0876 ***
	(2. 60)
$L_{i,t} \times \dfrac{\Delta C_{i,t}}{M_{i,t-1}}$	- 8. 2380 ***
	(- 14. 36)

模型	$(3-1)$
样本数	10784
F 值	235.04 ***
调整 R 平方	17.83%

注：表中括号内为 t 统计值，*** 表明在 1% 的显著性水平上显著。

根据现金边际价值的定义，估计方程中与 $\dfrac{\Delta C_{i,t}}{M_{i,t-1}}$ 交乘的部分即为现金边际价值的组成部分，公司现金边际价值的表达式如下：

$$MVOC_{i,t} = \hat{r_1} + \hat{r_2}\frac{C_{i,t-1}}{M_{i,t-1}} + \hat{r_3}L_{i,t} \tag{3-4}$$

将表 3-2 的估计系数代入式（3-4），可得本部分中使用的财务灵活性的边际价值等于：

$$MV\hat{OC}_{i,t} = 4.9731 + 0.0876 \times \frac{C_{i,t-1}}{M_{i,t-1}} - 8.2380 \times L_{i,t}$$

（二）剩余举债能力

财务灵活性假说与传统资本结构理论之间的不同点在于对举债能力的界定和检验。关于举债能力的界定最早可以追溯到 Myers（1977），其文章中指出，当公司增加负债会降低公司负债的总体市场价值时，那么公司就达到了其举债能力上限。Myers（1984）、Shyam-Sunder 和 Myers（1999）以及 Chirinko 和 Singha（2000）将举债能力上限定义为当公司负债水平足够大到使得财务困境成本限制公司未来的负债增加。这些对举债能力的定义表明当公司的杠杆水平处于较低或中等水平时，融资优序理论中的逆向选择成本是占主导作用的，而当公司杠杆水平较高时，权衡理论中的因素就变成公司融资决策中的主要驱动力。

因此，关于传统资本结构文献与财务灵活性假说之间区别的检验，关键变量是剩余举债能力的界定和计算。目前，文献中关于剩余举债能力的计算主要采用两种方法。第一种方法是 Marchica 和 Mura（2010）的定义。他们首先运用 Frank 和 Goyal（2009）的模型估计出目标资本结构，然后与公司的实际资本结构相比较。

参考 Marchica 和 Mura（2010）的方法，我们首先以 2001~2010 年的所

有财务数据对下面的模型进行回归：

$$L_{i,t} = \alpha_0 + \alpha_1 L_{i,t-1} + \alpha_2 IndLev\_m_{i,t} + \alpha_3 MB_{i,t} + \alpha_4 Size_{i,t} + \alpha_5 \frac{FA_{i,t}}{TA_{i,t}} +$$

$$\alpha_6 \frac{EBIT_{i,t}}{TA_{i,t}} + \upsilon_{i,t}$$

计算可得杠杆的估计值如下所示：

$$EstimatedL_{i,t} = -0.1990 + 0.7896 \times L_{i,t-1} + 0.1629 \times IndLev\_m_{i,t} - 0.0081 \times$$

$$MB_{i,t} + 0.0120 \times Size_{i,t} + 0.0096 \times \frac{FA_{i,t}}{TA_{i,t}} - 0.3694 \times \frac{EBIT_{i,t}}{TA_{i,t}}$$

其中，$L_{i,t-1}$ 是上一期的杠杆水平；$IndLev\_m_{i,t}$ 是行业杠杆的中值；$MB_{i,t}$ 是市值/账面比；$Size_{i,t}$ 是公司规模；$\frac{FA_{i,t}}{TA_{i,t}}$ 是资产有形率，即固定资产在总资产中所占的比重；$\frac{EBIT_{i,t}}{TA_{i,t}}$ 代表盈利能力，是息税前利润与总资产的比值。

当公司的实际资本结构低于目标资本结构时，就认为公司拥有剩余举债能力。此时剩余举债能力被看作是公司实际杠杆与目标资本结构之间的差异。当缺口值小于 0 时，视为公司剩余举债能力为 0。也就是说，第一种方法计算出的公司剩余举债能力 = Max（0，估计的目标资本结构 – 公司的实际资本结构水平）。

计算公司剩余举债能力的第二种方法是国内学者赵蒲和孙爱英（2004）提出的。他们运用一种更为简便和直观的方法对其进行了定义，即公司剩余举债能力 = Max（0，同行业平均负债水平 – 公司现有负债水平），其中负债水平以账面值为基础进行计算。本书将同时采用这两种方法来计算公司的剩余举债能力。

（三）融资缺口

为了检验财务灵活性假说是否与融资优序理论的预测有所不同，首先需要定义具有外部融资需求的公司，即融资缺口为正的公司。本书对融资缺口的定义参照 Shyam – Sunder 和 Myers（1999）的方法，计算公式如下所示：

$$DEF_t = DIV_t + X_t + \Delta W_t + R_t - C_t$$

其中，DIV_t 是指公司现金股利发放的总额；X_t 是指公司在第 t 期进行的资本支出，包括购置固定资产、无形资产以及其他长期资产所支付的现金；ΔW_t 是指公司在第 t 期营运资本的变动；R_t 是指一年内到期的长期借款额（即第 t 期清偿的长期借款额）；C_t 是指公司经营性净现金流。

当公司的融资缺口大于 0 时，意味着公司内部的经营现金流无法满足公司资金支付的需求，从而使其产生了外部融资需求。因此，根据融资优序理论的预测，当 DEF 大于 0 时，公司存在外部融资需求，应该优先采用负债融资。

（四）控制变量

田利辉（2005）指出，国有企业可能面临预算软约束，因此，方程在控制变量中加入是否为国有企业的虚拟变量来控制企业的产权性质对公司财务政策的影响。不仅如此，控制变量中还包括公司市值账面比（公司市值与资产账面值的比值）和公司的成长性。这主要是由于公司保留财务灵活性的动机之一是更好地进行未来的投资，因此，控制变量中应加入市值账面比以控制公司所面临的投资机会的差异。而公司的成长性则表明了公司所处的生命周期阶段，也与公司的投资机会有关。

其他控制变量还包括公司盈利能力（公司净利润/所有者权益）、公司资产有形性（公司固定资产/总资产）、公司股权集中度（公司前十大股东所拥有股份占公司总股份的比例）和公司规模（总资产的对数）。

本书中所使用变量的定义及计算如表 3 - 3 所示。

三、实证模型

我们首先关注的是财务灵活性影响公司资本结构的内在机理，设计实证模型如下：

$$LEV = \alpha + \beta_1 MVOC + \beta_2 g + \beta_3 TA + \beta_4 ROE + \beta_5 SOE + \beta_6 MB +$$
$$\beta_7 OWNCON10 + \beta_8 SIZE + \varepsilon \tag{3-5}$$

在探究了财务灵活性对公司资本结构的影响之后，我们要验证财务灵活性是一个独立的研究视角，还是传统资本结构理论的分支。因此，我们首先要验证公司保留剩余举债能力的倾向是否受财务灵活性的影响，我们以公司保留剩余举债能力的概率作为因变量进行检验，设计实证模型如下：

表 3 – 3　变量的定义与计算

变量名称		变量标识	变量定义
因变量	资本结构	LEV	公司总负债/总资产
	资本结构变动	LevIn	当公司长期负债/总资产相比于前一年有所提高时，LevIn = 1；否则，LevIn = 0
	剩余举债能力	SDC1	根据 Marchica 和 Mura（2010）的公式计算的公司当年的剩余举债能力
		SDC1_ D	当 SDC1 大于 0 时，SDC1_ D 取值为 1；当 SDC1 等于 0 时，SDC1_ D 取值为 0
		SDC2	Max（0，同行业平均负债水平 – 公司现有负债水平）
		SDC2_ D	当 SDC2 大于 0 时，SDC2_ D 取值为 1；当 SDC2 等于 0 时，SDC2_ D 取值为 0
	现金持有量	CASH	公司现金持有量/总资产
	股利支付水平	CDiv1	公司每股税前现金股利/公司每股净利润（EPS）
		CDiv2	公司税前现金股利总额/公司市值
		CDiv3	公司每股税前现金股利×公司流通股总数/公司市值
		SD	如果公司当年发放股票股利，则 SD = 1；否则，SD = 0
主要自变量	财务灵活性	MVOC	公司当年财务灵活性的边际价值
控制变量	资产有形率	TA	公司固定资产/公司总资产
	投资机会	MB	公司市值/总资产的账面值
	成长性	g	公司年销售收入增长率
	盈利能力	ROE	公司当年净利润/总权益
	产权性质	SOE	当公司最终控制人为国有时，SOE = 1；其他样本则 SOE = 0
	行业效应	INDPAY	行业内所有公司现金股利支付率的平均值
	股权集中度	OWNCON10	公司前十大股东所持股份总数/公司总股数
	公司规模	SIZE	公司总资产的自然对数

$$\text{Logit（SDC\_ D）} = \alpha + \beta_1 MVOC + \beta_2 g + \beta_3 ROE + \beta_4 SOE + \beta_5 MB +$$
$$\beta_6 OWNCON10 + \beta_7 SIZE + \varepsilon \qquad (3 - 6)$$

然而，仅仅依靠财务灵活性边际价值对公司保留剩余举债能力倾向的影响，还不能得出直接可靠的结论。因此，我们还要研究公司在资本结构低于目标资本结构或是存在外部融资需求时是如何进行资本结构决策的，以验证财务灵活性假说是否独立于传统的资本结构理论，设计实证模型如下：

$$\text{Logit}（\text{LevIn}）= \alpha + \beta_1 \text{MVOC} + \beta_2 \text{SDC} + \beta_3 g + \beta_4 \text{ROE} + \beta_5 \text{SOE} +$$
$$\beta_6 \text{MB} + \beta_7 \text{OWNCON10} + \beta_8 \text{SIZE} + \varepsilon \qquad (3-7)$$

　　在对公司资本结构的变动进行检验之后，我们继而对财务灵活性影响公司其他方面的财务政策进行检验，首先检验财务灵活性对现金持有政策的影响，设计模型如下：

$$\text{CASH} = \alpha + \beta_1 \text{MVOC} + \beta_2 \text{SDC} + \beta_3 g + \beta_4 \text{ROE} + \beta_5 \text{SOE} +$$
$$\beta_6 \text{MB} + \beta_7 \text{OWNCON10} + \beta_8 \text{SIZE} + \varepsilon \qquad (3-8)$$

　　然后，我们检验财务灵活性对公司股利政策的影响。对公司股利政策影响的检验分为对现金股利发放水平，以及对公司发放股票股利的概率进行检验，设计模型如下：

$$\text{CDiv} = \alpha + \beta_1 \text{MVOC} + \beta_2 \text{LEV} + \beta_3 \text{CASH} + \beta_4 \text{INDPAY} + \beta_5 g + \beta_6 \text{SOE} +$$
$$\beta_7 \text{MB} + \beta_8 \text{OWNCON10} + \beta_9 \text{SIZE} + \varepsilon \qquad (3-9)$$
$$\text{Logit}（\text{SD}）= \alpha + \beta_1 \text{MVOC} + \beta_2 \text{LEV} + \beta_3 g + \beta_4 \text{ROE} + \beta_5 \text{SOE} +$$
$$\beta_6 \text{MB} + \beta_7 \text{OWNCON10} + \beta_8 \text{SIZE} + \varepsilon \qquad (3-10)$$

　　从理论上来看，公司财务政策决定了公司所对应的财务灵活性水平，这一水平又决定了其边际价值的大小，而这一边际价值的大小决定了公司后续的财务政策决策。然而，之所以在这些模型的设计中采用的公司财务特征变量并不是财务灵活性边际价值的滞后值，主要是因为实际上在公司所处的任何财务年度中，公司的财务决策都在时刻发生。这些财务决策既是由前一时点的财务灵活性边际价值所决定，又决定了后一时点的公司财务政策特征。但是由于数据的限制，我们不得不采用年报这一时点数据来检验财务灵活性对公司财务决策的影响。在这一时点上，公司的财务数据是其在财务年度内所进行的所有财务决策的结果总和，财务灵活性的边际价值也是年度内所有财务决策所决定的财务灵活性水平的产物。因此，如果我们将这一过程看作是发生在连续时点内的动态过程，就会发现财务灵活性的边际价值对公司财务政策的影响实际上可以看作是发生在同一时点，但又存在逻辑上的先后顺序。这也就是模型中所有公司财务政策的特征变量均采用了和财务灵活性边际价值同一时期值的原因。

四、描述性统计结果

本章以全样本进行统计后得到结果如表 3 - 4 所示，其中在检验财务灵活性对公司现金股利政策的作用时从总样本中剔除了那些每股净盈利为负的公司，以及股利支付率过高，如现金股利支付率高于 20 的公司。因此，表 3 - 4 中关于现金股利的统计结果是剔除了股利支付异常值的结果，而其他变量的统计均为全样本的结果。

表 3 - 4　主要变量描述性统计结果

	均值	中位数	最小值	最大值	标准差
MVOC	2.534	2.776	-2.746	5.070	1.489
LEV	0.482	0.491	0.008	0.999	0.183
SDC1	0.025	0.000	0.000	0.741	0.047
SDC2	0.069	0.000	0.000	0.571	0.103
CASH	0.165	0.138	0.000	1.000	0.116
CDiv	0.265	0.145	0.000	16.956	0.481
MB	2.154	1.722	0.660	61.715	1.567
g	0.249	0.145	-14.350	16.052	0.795
SIZE	21.453	21.319	15.597	28.003	1.089

从描述性统计结果可以看出，除了公司市值账面比的样本分布区间相距较大外，公司大部分财务特征变量的样本分布较为均衡。其中，财务灵活性的边际价值存在负值，这就说明保持财务灵活性也是有成本的，财务灵活性水平并非越高越好。当公司财务灵活性的边际价值为负时，公司再提高自身的财务灵活性水平反而会使公司的价值下降。

第四节 实证结果与分析

一、财务灵活性与公司资本结构决策

首先以公司资本结构作为因变量，通过在模型中选择加入或不加入财务灵活性的边际价值，分别回归后得到回归结果如表 3 - 5 所示。

表 3 - 5 财务灵活性与公司资本结构

因变量	LEV	
Intercept	- 0. 2741 *** (- 7. 19)	0. 7523 *** (27. 32)
MVOC		- 0. 1121 *** (- 103. 58)
g	0. 0203 *** (8. 58)	0. 0103 *** (6. 43)
TA	- 0. 0935 *** (- 9. 61)	- 0. 0659 (- 10. 05)
ROE	- 0. 0587 *** (- 16. 85)	- 0. 0247 (- 10. 44)
SOE	- 0. 0182 *** (- 4. 55)	- 0. 0058 ** (- 2. 17)
MB	- 0. 0233 *** (- 17. 97)	0. 0357 *** (34. 22)
OWNCON10	- 0. 1279 *** (- 10. 13)	0. 0042 (0. 49)
SIZE	0. 0427 *** (24. 07)	- 0. 0021 (- 1. 64)

续表

因变量	LEV	
样本数	8916	8916
调整 R 平方	16.12%	61.95%
模型 F 值	245.8***	1815.19***

注：表中括号内为 t 统计值，***表明在 1% 的显著性水平上显著，**表明在 5% 的显著性水平上显著。

由表 3-5 中可以看出，公司财务灵活性边际价值与公司资本结构呈现显著的负相关关系，这意味着财务灵活性边际价值高的公司拥有较低的杠杆水平，这与财务灵活性假说相符，支持假设 H1。不仅如此，在模型中加入财务灵活性边际价值这一变量后，模型的调整 R 平方值由 16.12% 上升至 61.95%，模型的解释力有了显著的提升。这意味着财务灵活性边际价值对公司资本结构的变动有着额外的解释力。并且，在加入了财务灵活性边际价值之后，原先模型中传统变量的显著性有了不同程度的下降，特别是股权集中度与公司规模这两个变量均由显著变为不显著，验证了 Clark（2010）的观点，说明财务灵活性是影响公司资本结构决策的重要变量。

为了验证假设 H2，我们要验证财务灵活性与公司剩余举债能力之间的关系。当公司剩余举债能力等于 0 时，公司已经透支了自身的剩余举债能力，而本书关注的是财务灵活性边际价值高的公司是否更倾向于保留剩余举债能力。因此，我们以公司剩余举债能力是否大于 0 这一虚拟变量作为因变量，对总样本进行回归，得出结果如表 3-6 所示。

表 3-6 财务灵活性与公司剩余举债能力

因变量	Logit（SDC1_D）	Logit（SDC2_D）
Intercept	-6.1231***	-2.8060***
	(122.33)	(18.65)
MVOC	0.9088***	1.6481***
	(1115.16)	(1805.17)
g	-0.3426***	-0.1766***
	(44.90)	(15.19)

续表

因变量	Logit（SDC1_D）	Logit（SDC2_D）
ROE	0.0210 （0.10）	0.9244*** （19.65）
SOE	0.0901* （2.93）	0.1160** （3.70）
MB	−0.7444*** （564.72）	−0.7070*** （559.52）
OWNCON10	−1.5773*** （86.20）	−0.4493** （5.25）
SIZE	0.2792*** （120.68）	0.0065 （0.05）
样本数	8917	8816
最大似然比	1630.247***	4018.581***

注：表中括号内为 Wald 卡方系数，***表明在1%的显著性水平上显著，**表明在5%的显著性水平上显著，*表明在10%的显著性水平上显著。

　　从表3-6的回归结果中可以看出，对于两种度量方法下的公司剩余举债能力，财务灵活性边际价值均与公司保留剩余举债能力的概率呈现显著的正相关关系，这意味着财务灵活性边际价值高的公司更倾向于保留剩余举债能力，假设 H2 得到验证。

　　除此之外，研究结果还发现市值账面比高的公司拥有剩余举债能力的概率较低，这也说明未来投资机会越高的公司更多地动用外部资金，从而更倾向于提高杠杆。公司股权集中度与剩余举债能力也呈现显著的负相关效应，这体现了股东与债权人的公司治理问题。股权更为集中的公司更有可能投资于高风险的项目，而将风险转嫁给债权人。因此，股权集中度高的公司更倾向于使用杠杆效应来放大公司的收益水平，而将高杠杆所产生的多余风险转嫁给公司的债权人。另外，规模较大的公司保留着更多的剩余举债能力，这主要是由于规模较大的公司受到的外部融资约束小，但其对外部资金的需求也不旺盛。

　　初步的实证结果表明，财务灵活性边际价值与公司保留剩余举债能力的概率呈现显著的正相关关系，并非像传统的权衡理论所预测的二者之间不存在显著的相关关系，因此初步的实证结果表明财务灵活性假说得出的预测与传统的权衡理论有所不同。

　　然而，单单依赖二者之间的相关关系，还不足以得出有说服力的结论。因此，我们进一步考察公司与前一年相比的长期负债水平变动，当公司相比于前一年的长期负债水平有所提高时，取值为1；当公司相比于前一年的长期负债水平持平或是有所下降时，取值为0，以此作为因变量进行 Logistic 回归。由于静态权衡理论与财务灵活性假说的主要不同点在于当公司存在剩余举债能力时公司是否会倾向于提高杠杆，以靠拢目标资本结构。因此，我们只选取剩余举债能力大于0的公司作为样本进行回归，回归结果如表3-7所示。

表3-7　财务灵活性与公司资本结构变动

因变量	Logit（LevIn）	
Intercept	-5.6210*** (46.07)	-4.1504*** (27.10)
MVOC	-0.2057*** (27.65)	-0.1152** (5.80)
SDC1	-4.4366*** (25.79)	
SDC2		-3.5665*** (72.93)
g	0.1096** (3.56)	0.1061** (4.75)
ROE	-0.4402 (1.75)	-0.7890* (3.81)
SOE	-0.2425*** (7.52)	0.0410 (0.30)
MB	0.0289 (0.42)	-0.0576* (3.82)
OWNCON10	-0.4562* (3.07)	-0.1827 (0.62)

续表

因变量	Logit（LevIn）	
SIZE	0.2659 ***	0.1966 ***
	（47.70）	（28.78）
样本数	3858	5099
最大似然比	219.629 ***	294.899 ***

注：表中括号内为 Wald 卡方系数，＊＊＊表明在 1% 的显著性水平上显著，＊＊表明在 5% 的显著性水平上显著，＊表明在 10% 的显著性水平上显著。

　　根据静态权衡理论的预测，当公司的实际资本结构低于目标资本结构时，公司应该适时借入长期负债，提高其杠杆水平，使公司资本结构向其目标资本结构靠拢。并且，公司的实际资本结构与公司目标资本结构之间差距越大，公司向其目标资本结构靠拢的动机越强烈。这就意味着剩余举债能力越大的公司，借入长期负债的动机应该更为强烈，提高长期杠杆率的概率越高。

　　然而，由表3-7可以看出，财务灵活性边际价值与公司提高长期负债杠杆的概率呈现显著的负相关关系，支持假设 H3。财务灵活性边际价值高的公司更不倾向于借入长期负债，这符合财务灵活性假说。同时这也意味着即使是存在剩余举债能力的公司，是否借入长期负债也会因财务灵活性边际价值的大小而存在差异。对于拥有剩余举债能力的公司而言，当其财务灵活性边际价值越低时，借入长期负债的动机将越强烈，而财务灵活性边际价值高的公司则不倾向于借入长期负债。

　　不仅如此，剩余举债能力与公司提高其长期杠杆水平的概率呈现显著的负相关关系，也就是说，剩余举债能力较高的公司，也就是实际资本结构与公司目标资本结构之间差距越大的公司，反而越不倾向于提高其长期杠杆水平，也就越不倾向于向其目标资本结构靠拢。这些都与权衡理论的预期不一致。

　　接着我们为了检验公司在具有外部融资需求时是否首选负债的方式，只选取融资缺口额大于 0 的公司样本，以公司是否提高了其长期杠杆水平作为因变量进行回归，回归结果如表3-8所示。

表 3 - 8　财务灵活性与公司外部负债融资

因变量	Logit（LevIn）	
Intercept	- 4. 7401 ***	- 3. 8612 ***
	(45. 38)	(30. 74)
MVOC	- 0. 1904 ***	- 0. 1250 **
	(37. 63)	(12. 88)
SDC1	- 8. 8215 ***	
	(121. 39)	
SDC2		- 4. 2946 ***
		(114. 52)
g	0. 0627 *	0. 0500
	(2. 81)	(1. 87)
ROE	- 1. 6807 ***	- 1. 5018 ***
	(25. 18)	(19. 89)
SOE	- 0. 1601 **	- 0. 1130 *
	(5. 95)	(2. 95)
MB	- 0. 0830 ***	- 0. 0703 **
	(8. 08)	(4. 97)
OWNCON10	- 0. 4344 **	- 0. 3410 *
	(4. 60)	(2. 81)
SIZE	0. 2643 ***	0. 2114 ***
	(66. 90)	(44. 17)
样本数	5465	5412
最大似然比	607. 552 ***	592. 091 ***

注：表中括号内为 Wald 卡方系数，＊＊＊表明在 1% 的显著性水平上显著，＊＊表明在 5% 的显著性水平上显著，＊表明在 10% 的显著性水平上显著。

　　从表 3 - 8 中可以看出，即使是选取融资缺口为正，即外部融资需求大于 0 的样本公司，财务灵活性边际价值与公司采用负债融资的概率仍然呈现显著的负相关关系，这意味着财务灵活性边际价值高的公司更不倾向于选择负债融资的方式来满足其外部融资需求，同样支持假设 H3。同时这也说明了即使是具有外部融资需求的公司，其是否选择负债融资的方式来满足其外部融资需求受其财务灵活性边际价值的影响，只有当财务灵活性边际价值较低时，才更倾向于采用负债融资的方式来满足外部融资需求。

而且，公司剩余举债能力与提高杠杆的概率也呈现出显著的负相关关系，这意味着剩余举债能力高的公司更不愿意提高杠杆。因此，在考虑了公司的举债上限之后，发现财务灵活性仍然能独立于融资优序理论来解释公司的资本结构变动。

根据表3-8中的实证结果，公司在资本结构的决策中符合财务灵活性假说。财务灵活性边际价值越大的公司，越倾向于保持低杠杆的资本结构，并且更倾向于保留举债能力。当公司资本结构低于目标资本结构或是外部融资需求为正的时候，公司提高杠杆的概率与财务灵活性边际价值仍呈现显著的负相关关系。这意味着并不是所有实际资本结构低于目标资本结构的公司都会提高杠杆水平，使公司资本结构向目标资本结构靠拢，也并非所有具有外部融资需求的公司都首先选择负债的融资方式。因此，财务灵活性假说不同于融资优序理论与权衡理论，而是一个独立的视角和全新的解读。

二、财务灵活性与现金持有决策

除了资本结构之外，财务灵活性如何影响公司现金持有政策是下一个需要关注的问题。根据模型（3-8）回归，可得结果如表3-9所示。

表3-9 财务灵活性与公司现金持有政策

因变量	CASH	
Intercept	0.0876 *** (3.23)	0.0657 *** (2.71)
MVOC	0.0224 *** (20.37)	0.0096 *** (8.36)
SDC1	0.0143 (0.54)	
SDC2		0.2582 *** (19.95)

续表

因变量	CASH	
g	0.0026	0.0034 **
	(1.61)	(2.32)
ROE	0.0070 ***	0.0051 ***
	(7.27)	(5.83)
SOE	−0.0049 *	−0.0076 ***
	(−1.86)	(−3.16)
MB	0.0000	0.0060 ***
	(−0.01)	(6.55)
OWNCON10	0.0233 ***	0.0251 ***
	(2.74)	(3.32)
SIZE	0.0004	0.0017
	(0.35)	(1.51)
样本数	8917	10481
调整 R 平方	9.40%	12.86%
模型 F 值	116.65 ***	194.4 ***

注：表中括号内为 t 统计值，*** 表明在 1% 的显著性水平上显著，** 表明在 5% 的显著性水平上显著，* 表明在 10% 的显著性水平上显著。

从表 3-9 中可以看出，公司现金持有量与财务灵活性边际价值呈现显著的正相关关系，财务灵活性边际价值高的公司持有更多的现金，支持假设 H4。同时，公司现金持有量还与市值账面比和成长率呈现显著的正相关关系，这说明成长速度快、投资机会多的公司将倾向于持有更多的现金。不仅如此，国有企业的现金持有量显著低于民营企业，说明了国有企业存在预算软约束。

三、财务灵活性与公司股利政策

最后需要探讨的是公司的股利政策是如何根据财务灵活性而变化的。其中现金股利发放水平不仅计算了公司每股税前股利/公司每股盈利，同时还参照 John 等（2011）的方法，以公司税前现金股利总额/市值以及每股税前现金股利×流通股总数/市值对公司现金股利发放水平进行了度量，回归结果如表3-10所示。

表3-10 财务灵活性与公司现金股利政策

因变量	CDiv1	CDiv2	CDiv3
Intercept	-0.5178***	-0.0434***	-0.0426***
	(-4.38)	(-14.46)	(-16.98)
MVOC	-0.0115*	-0.0023***	-0.0015***
	(-1.85)	(-14.28)	(-11.55)
LEV	-0.4671***	-0.0286***	-0.0191***
	(-10.86)	(-26.07)	(-20.96)
CASH	0.3175***	0.0067***	0.0046***
	(7.19)	(5.95)	(4.95)
INDPAY	0.5563***	0.0062***	-0.0025***
	(13.24)	(5.78)	(-2.79)
g	-0.0097	0.0004**	0.0001
	(-1.48)	(2.37)	(0.71)
MB	-0.0144***	-0.0007***	-0.0003***
	(-3.67)	(-7.27)	(-3.15)
SOE	0.0474***	0.0005*	-0.0005*
	(4.35)	(1.73)	(-1.95)
OWNCON10	0.2626***	0.0147***	0.0042***
	(7.47)	(16.46)	(5.64)
SIZE	0.0319***	0.0029***	0.0028***
	(6.20)	(22.19)	(25.84)
样本数	8786	9378	8776
调整R平方	8.00%	20.05%	15.53%
模型F值	85.82***	262.25***	180.21***

注：表中括号内为t统计值，***表明在1%的显著性水平上显著，**表明在5%的显著性水平上显著，*表明在10%的显著性水平上显著。

从表3-10中可以看出，财务灵活性边际价值与公司现金股利的发放水平呈现显著的负相关关系，财务灵活性边际价值高的公司更倾向于保持较低的现金股利发放水平，支持假设 H5a。以往文献中认为财务灵活性边际价值高的公司应该多发股利，主要是基于高股利能够提高公司未来权益融资的成功概率这一理由。但与西方资本市场不同，我国资本市场的权益融资实行核准制，这就使得公司现在保持高股利政策也未必能在未来成功获得权益融资。因此，对于我国上市公司而言，财务灵活性对公司股利政策的影响与对现金持有政策的影响相同。当公司更需要财务灵活性，即财务灵活性的边际价值更高时，应该更倾向于保留自身财务灵活性，也就相应地采取低股利政策①。

除此之外，公司现金股利发放水平与行业平均现金股利支付水平呈现显著的正相关关系，这意味着当公司所处行业平均现金股利支付较多时，公司的现金股利发放水平也会相应提高。而公司现金股利水平与杠杆呈现显著的负相关关系，表明现有的杠杆水平越高，公司分配的股利水平越低，体现了负债对公司现金流的约束作用。公司市值账面比与现金股利发放水平也呈现显著的负相关关系，这表明当公司未来的投资机会越多时，公司发放的现金股利越少，因为需要为公司后续的发展留存更多的现金。

而后我们以公司选择发放股票股利的概率作为因变量进行 Logisitc 回归，得到的结果如表 3－11 所示。

表 3－11　财务灵活性与公司股票股利政策

因变量	Logit（SD）
Intercept	－2.0018＊＊
	（5.11）
MVOC	0.1903＊＊＊
	（13.49）
LEV	2.1246＊＊＊
	（38.55）
g	0.0556
	（0.98）

① 2006 年后，证监会出台半强制分红政策，要求再融资公司符合最低分红要求。这一政策会对公司的股利政策产生影响，使具有再融资意愿的公司进行股利迎合发放。我们将在第四章对这一影响进行详细探讨。

因变量	Logit（SD）
ROE	4.5187 ***
	（62.17）
SOE	−0.8166 ***
	（117.51）
MB	0.1504 ***
	（19.84）
OWNCON10	−0.4678 *
	（3.08）
SIZE	−0.0371
	（0.87）
样本数	5305
最大似然比	439.6997 ***

注：表中括号内为 Wald 卡方系数，*** 表明在1%的显著性水平上显著，** 表明在5%的显著性水平上显著，* 表明在10%的显著性水平上显著。

如表 3 – 11 所示，公司发放股票股利的概率与财务灵活性边际价值呈现显著的正相关关系，财务灵活性边际价值越高的公司越倾向于发放股票股利，支持假设 H6。除此之外，公司发放股票股利的概率与公司的产权性质呈现显著的负相关关系，这意味着国有企业更不倾向于发放股票股利。市值账面比高的公司，即未来投资机会更多的公司更倾向于发放股票股利。当公司未来投资机会多时，现金股利的发放水平较低，因此可以认为未来投资机会多的公司更倾向于以股票股利的方式来替代现金股利。

第五节　研究结论

本章检验了财务灵活性对公司三大财务政策，即资本结构政策、现金持有政策以及股利政策的影响机制，实证结果发现财务灵活性在我国上市公司财务决策中发挥着重要的作用，财务灵活性假说可以用来解释我国上市公司财务特征的变动情况。

在资本结构方面，财务灵活性边际价值高的公司，更倾向于保持低的杠杆水平，更倾向于保持剩余举债能力。不仅如此，本章还发现，即使当公司资本结构低于目标资本结构或是存在外部融资需求时，公司仍然会根据其所处的财务灵活性水平来决定是否提高其长期负债的杠杆水平。因此，本章提供了经验证据表明财务灵活性假说并非传统资本结构理论的一个分支，它能够为公司资本结构的变动提供额外的解释力，是一个独立的研究视角。

除了财务灵活性对资本结构决策的影响外，本章还关注了财务灵活性对公司现金持有政策和股利政策的影响机制。实证结果表明，财务灵活性边际价值与公司现金持有水平呈现显著的正相关关系，与现金股利发放水平呈现显著的负相关关系。财务灵活性边际价值高的公司，更倾向于持有更多的现金，以及选择较低的现金股利发放水平，更倾向于采用股票股利来替代现金股利。实证结果均支持财务灵活性假说。

当然，本章对于传统资本结构理论所面临的挑战和争议并未进行严格的证明，因为本章的重点仍然是围绕财务灵活性展开的，而所提供的经验证据也仅仅能说明公司资本结构决策中确实考虑了财务灵活性的因素，并发现受其影响做出的资本结构决策与传统资本结构理论的预期不相符，以此作为财务灵活性是独立的研究视角的经验证据。

但是，一方面财务灵活性影响公司的财务政策决策，另一方面公司的财务决策又会影响公司的财务灵活性水平，因此本章在财务灵活性的研究中，只是为了阐释财务灵活性对公司财务政策的影响机理，并没有非常严格地考虑可能存在的内生性问题。而这一问题的解决，需要依赖外部环境变量的引入。

在下面的三章中，笔者将就财务灵活性对公司财务政策的影响机制进行进一步的探讨。从本质上看，公司对财务灵活性的需要来源于外部融资环境的不确定性。当公司面临的外部融资环境变动时，公司可以运用财务灵活性来克服外部融资约束，减少融资环境变动对公司价值的负面影响。换句话说，财务灵活性之所以重要，就是因为它为公司提供了应对环境不确定性的期权。因此，通过观察外部融资环境的变动，以及在这一融资环境的背景下公司如何根据财务灵活性进行决策并加以应对，可以使我们更为清晰地了解财务灵活性原则是如何影响公司决策，从而最小化外部融资环境的消极影响的。这将能解决以往财务灵活性研究中固有的内生性问题。

同时，通过引入外部融资环境变量，还有利于我们将公司财务政策看作一个整体，捕捉公司在面临外部环境变动时在不同财务政策之间的权衡与取舍，让我们更清楚地了解公司财务决策的内在机理。本章的研究结果表明，公司财务灵活性边际价值越高时，即提高一单位财务灵活性水平对公司价值的增量作用越大时，公司越倾向于提高财务灵活性水平。又由于财务灵活性来源于公司的剩余举债能力和现金水平，因此，财务灵活性边际价值高的公司，倾向于保留剩余举债能力和留存现金，也就是保持低的资本结构、高的现金持有量和低的现金股利发放水平。

然而，公司在实际的财务决策中，可能不得不面临财务政策之间的权衡，这意味着高管可能需要在不同财务政策带来的财务灵活性之间进行取舍，而各项财务政策在高管心目中的权重将最终决定取舍的结果。高管会优先考虑权重较重的政策，先根据财务灵活性的原则对其进行决策，而后才逐次考虑权重相对较轻的财务政策，但最终目的仍然是让公司获得尽可能多的财务灵活性。而这也是在财务灵活性的视角之下得以探讨公司财务实践中对各项财务政策如何进行权衡和取舍的原因。

以下三章选取的外部融资环境中，分别考察了融资决策和股利决策之间的权衡（半强制分红政策）、融资决策和现金持有量之间的权衡（金融危机）以及股利决策与融资决策、现金持有量之间的权衡（地域因素），提供了公司在财务灵活性原则下在各项财务政策之间进行权衡决策的实证证据。

第四章 财务灵活性对公司财务政策的影响：基于半强制分红政策的实证检验

在上一章中，我们已经探讨了财务灵活性原则在公司财务决策中发挥作用的影响机制。从这一章起，笔者将从财务灵活性的视角，将公司财务政策看作一个整体，通过外部融资约束变量的引入，了解公司高管们在财务政策之间进行权衡决策的内在动机。本章从我国特有的半强制分红背景出发，研究公司在此背景下的融资行为与股利行为受到财务灵活性的影响呈现出怎样的特征。半强制分红政策规定了公司进行权益融资时所必须达到的分红水平，因此，当公司希望在未来通过权益融资获得财务灵活性时，必须现在支付现金股利以达到政策规定的门槛。这就意味着公司高管必须在融资决策和股利决策所带来的财务灵活性之间进行权衡。由于权益融资会同时改变公司的资本结构和现金持有量，但对公司剩余举债能力的影响不及其对公司现金持有量的影响，因此，半强制分红政策背景更关注的是公司在股利政策与现金持有水平之间的权衡关系。

第一节 研究背景

为了鼓励上市公司的股利分配行为，证监会出台了一系列与再融资资格相挂钩的股利分配政策。自2000年起，证监会规定只有发放股利的公司才有资格利用公开资本市场再融资，该政策被称为"半强制分红政策"（李常青等，2010）。在2001年和2004年的政策中仅对上市公司分红行为做出导向性规定，而2006年和2008年颁布的两项法规进一步对公司股利发放水平做出了规定，明确了再融资公司所需达到的最低分红比例，这些规定的颁布和实施旨在运用外部融资约束影响上市公司股利分配的决策。

2006 年 5 月 6 日，证监会颁布的《上市公司证券发行管理办法》规定："上市公司公开发行证券应符合最近三年以现金或股票方式累计分配的利润不少于最近三年实现的年均可分配利润的百分之二十。"2008 年 10 月 9 日，证监会颁布的《关于修改上市公司现金分红若干规定的决定》中，将此项规定修改为"上市公司公开发行证券应符合最近三年以现金方式累计分配的利润不少于最近三年实现的年均可分配利润的百分之三十"。

根据理论分析，财务灵活性边际价值高的公司倾向于减少或避免现金股利的发放（Jagannathan 等，2000；Lie，2005；Rapp 等，2012），然而，在我国特有的半强制分红政策背景之下，公司分红水平成为再融资准入的门槛之一，这就使得公司在融资决策与股利决策之间必须进行权衡。那么，半强制分红政策是否影响了上市公司的股利发放行为？其影响机制如何？半强制分红政策的有效性又如何？目前，国内外均没有相关的文献对此问题展开讨论。本章试图对半强制分红政策背景下上市公司股利决策机制以及该政策的效果进行理论分析和实证检验。具体而言，本章将以财务灵活性为研究视角，探讨中国特有的半强制分红政策背景下公司的股利行为模式，提供财务灵活性对公司股利政策影响机制的实证证据；同时检验半强制分红指标与公司未来业绩的相关性，以期对半强制分红政策的经济效果及合理性进行较为全面的衡量和客观的评价。

从半强制分红政策的规定上看，该政策影响的对象应该是具有再融资意愿的公司，那么这类公司是否会根据该政策来调整自身的股利发放？这种调整又会使这类公司的股利发放呈现出怎样的特征？在进行理论分析前，我们试图通过统计绘图分析，先描绘出该政策背景下具有再融资意愿的公司其股利行为的典型特征，以大致了解我们的研究对象在该政策背景下的股利行为，因而我们要定义哪些公司属于具有再融资意愿的公司。

公司决策过程是一个"黑箱"，难以观察，因此很难直观地定义公司的再融资意愿。同时由于国内资本市场实行核准制，并非所有具备再融资意愿的公司都能最终实现再融资，公司的再融资意愿与实际再融资行为之间可能存在不一致，如果以公司实际的再融资行为来定义公司的再融资意愿将失之偏颇。半强制分红政策规定了再融资公司所需达到的最低分红水平，由于只有具有再融资意愿的公司才受该政策的约束，因此我们可以以公司的实际股利分配水平是否达到政策规定的最低分红水平作为区分公司是否具有再融资意愿的标准（本章中所指的股利分配年份，即所分配股利来源的净利润对应的年份。如 2007 年公告的股利发放，实际上是以 2006 年的净利润所进行的股利发放，对应的股利分配年份为 2006 年）。当公司相应年份的股利分配水平达到了政策规定的最低分红水平，且公司盈利水平符合相应的再融资资格（在实施股权再融资的前三年盈利均为正）时，就可以认为公司具有初步的再融资意愿。又因为我们关注的是半强制分红政策颁布当年对公司股利行为的影响，所以我们选取以 2006 年和 2008 年为时点计算的股利分配水平达到相应政策规定的最低水平（20% 或 30%），且相应年份盈利均为正的公司作为我们统计绘图的样本对象。

之所以选择以 2006 年和 2008 年为时点判别的具有再融资意愿的公司作为统计绘图的样本，是因为 2006 年和 2008 年分别是两项半强制分红政策颁布的当年，而在该年中，公司面临着两项决策，首先是决定是否有意向在下一年实施再融资，其次是决定当年的股利发放水平。如果公司有意在下一年再融资，那么政策颁布当年即为政策规定的"最近三年"的最后一年，其股利发放水平就有可能因为受到半强制分红政策的影响而有所异常。而这正是我们试图捕捉的影响。

由于在 2006 年和 2008 年的半强制分红政策中，均以"最近三年……累计分配的利润不少于最近三年实现的年均可分配利润的……"作为计算的依据，因此在政策颁布的当年，公司将会根据自身的再融资意愿以及前两年的股利分配情况来决定最后一年的股利分配政策。又因为半强制分红政策的初衷在于通过外部融资约束达到鼓励上市公司发放股利的目的，因此，如果半强制分红政策影响了公司的分红行为，那么对于那些具有再融资意愿的公司而言，这种影响将体现为最后一年股利发放行为的异常，公司在政策颁布当年股利支付应该高于往年平均支付水平。我们可以预见将会有三种情况：第一种情况是具有再融资意愿的公司股利分配政策稳定，其第三年的股利分配情况与前两年相一致，此时公司最后一年分配的股利占三年累计分配股利的比重应该约为 33.33%；第二种情况是具有再融资意愿的公司前两年的股利分配已经足以满足半强制分红政策规定的条件，那么在第三年就不再分配股利，此时相应的占比为 0；第三种情况是具有再融资意愿的公司前两年几乎不分配股利，或是分配的股利数额很小，只能靠最后一年大额分配股利才能达到证监会所规定的最低分红标准，此时该占比将高于33.33%。我们通过统计这些公司在2006年和2008年的股利分配数额占该公司三年内累计分配的股利总额的比重，就可发现具有再融资意愿公司的股利分配行为及其对半强制分红政策颁布的反应。统计结果如图4-1和图4-2所示。

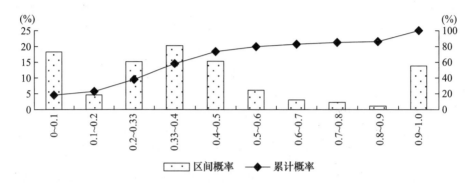

图4-1 2006年具有再融资意愿的样本在政策颁布当年股利分配占比分布

注：具有再融资意愿的样本在政策颁布当年的股利分配占比是指样本公司在政策颁布当年所分配股利占其三年内分配股利总额的比例。图像左轴数值为股利分配占比的区间概率，右轴数值表明累计概率，下图同。

资料来源：笔者根据公司财务年报自行整理。

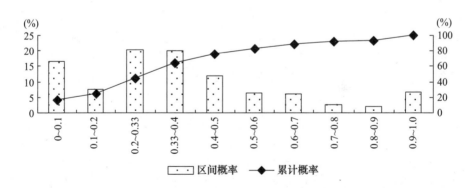

图4-2 2008年具有再融资意愿的样本在政策颁布当年股利分配占比分布

资料来源：笔者根据公司财务年报自行整理。

股利的平滑和稳定是西方成熟资本市场上市公司股利政策的典型特征（Lintner，1956）。假设股利每年稳步增长10%，最后一年发放的股利数额也应仅为三年内累计分配股利总额的 36.5%。然而，从图 4 - 1 可以看出，在 2006 年的样本中，在最后一年发放的股利占三年累计股利发放数额的比例超过 33.33% 的公司超过一半，上述比例超过 40% 的公司数超过了总样本的 40%，超过 15% 的公司最后一年股利发放数额的比例在 80% 以上。对于 2008 年而言，由于股利分配水平的计算期间已经包含了 2006 年，公司有了足够的适应期，在 2006 年政策颁布时它们可能已经进行了股利分配，现在只是原先以股票股利分配的公司相应地调整股利分配形式，因此我们预期 2008 年的股利迎合行为将不那么严重。从图 4 - 2 来看，2008 年公司的股利行为呈现出与 2006 年相同的趋势，刻意分配股利的行为仍很严重。接近 40% 的公司最后一年发放股利数额占比在 40% 以上，最后一年发放股利数额占三年累计发放股利数额 80% 以上的公司数仍占到了总体样本的 10% 左右。

如果具有再融资意愿的公司在政策颁布的当年（2006 年和 2008 年）满足了再融资分红的最低要求，那么它们最有可能在第二年实施再融资。因此，为了避免我们对再融资意愿的定义影响绘图结果，我们还选取了在 2007 年和 2009 年实际进行再融资的公司样本（这些样本公司在政策颁布当年也同样面临着在"最近三年"的最后一年是否应该分配股利达到最低分红水平的决策）在最后一年的股利分配水平占三年内累计分配股利的比例进行统计绘图分析，结果如图 4 - 3 和图 4 - 4 所示。

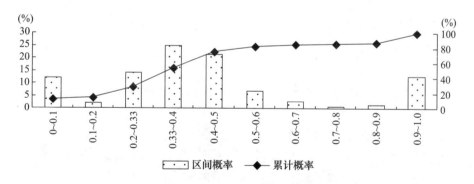

图 4 - 3 2007 年再融资公司在 2006 年的股利分配占比

从图 4 - 3 和图 4 - 4 可以看出，对于实施了再融资的样本而言，这种刻意分配股利的情形显得更为严重。对于 2007 年再融资的公司而言，有 70% 的公司在政策颁布当年发放的股利超过了往年的平均水平，还有 13% 的公

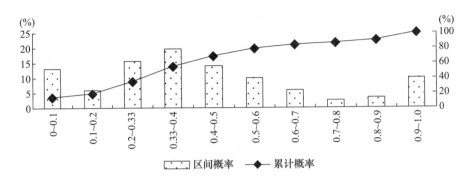

图 4 - 4　2009 年再融资公司在 2008 年的股利分配占比

司在政策颁布当年发放的股利占三年累计发放数额的比例超过 90%。而对于 2009 年再融资的公司而言，超过半数的公司最后一年发放股利的占比达到 40% 以上，还有 10% 的公司直到政策颁布当年才全额发放了达到分红要求的最低股利数额。可见，对于这些再融资的公司而言，其股利政策存在着刻意迎合政策规定的行为，且其在政策颁布前的股利分配水平均较低。

可见，在半强制性分红政策背景下，政策颁布当年上市公司发放的股利数额相较公司以往的平均分配水平而言较大，当年的股利分配行为表现异常，这表明在半强制分红政策下，公司股利决策确实受到半强制分红政策的影响，也同时说明这些公司在半强制分红政策颁布前的股利分配水平低，而为了达到再融资的最低分红标准只好在最后一年，也就是政策颁布的当年通过刻意的股利分配而达到政策要求的最低分红水平。这印证了魏刚（2000）的观点："我国上市公司管理层较少制定长期的股利支付目标和路径。"上市公司的股利政策在时间上并不遵循同一模式，往往表现为对环境变动的适应行为。

在半强制分红制度背景下，公司的股利支付比率成为其获得再融资准入资格的必要条件之一，公司股利政策因而受到公司融资需求和融资能力的影响，呈现出与以往解释公司股利政策的理论所预期的不同特征。这种行为类似于 Baker 和 Wugler（2004）提出的股利迎合理论中的迎合行为，不同之处在于迎合的对象是监管当局而不是投资者，而迎合的动机在于获取必要的再融资渠道准入资格。所以本章借用这一概念，将公司使其股利分配水平达到半强制分红政策最低分配水平的行为视为采取股利迎合策略，而未达到该水平的行为被视为未采取股利迎合策略。本章在此基础上研究公司在半强制分红制度背景下的股利决策机制，探讨影响公司股利迎合行为的因素和作用机制。

第二节　理论分析与研究假设

一、股利迎合策略的决策机制

如果把公开资本市场再融资准入资格看作是公司的一种期权，那么公司采取股利迎合策略的目的就是获得这一再融资期权，因此公司是否决定采取股利迎合策略取决于这一再融资期权的价值大小。再融资期权的价值越大，公司采取股利迎合策略的动机越强。问题是：再融资期权的价值由何决定？

根据 Gamba 和 Triantis（2008）的定义，财务灵活性是指公司获得融资渠道以及改变融资结构的能力。因此，获得公开资本市场再融资准入资格本身就是提升公司财务灵活性的一种表现。公司通过股利迎合策略取得再融资期权意味着公司的财务灵活性得到了提升，因此，再融资的期权价值将表现为提高公司财务灵活性所增加的公司价值。而财务灵活性的边际价值恰好度量了公司每增加一单位的财务灵活性所增加的公司价值，所以再融资期权的价值大小实际上取决于公司财务灵活性的边际价值大小。公司财务灵活性的边际价值越高，再融资期权的价值将越大，公司获取再融资期权的意愿将越强烈，从而越倾向于采取股利迎合策略。那么，财务灵活性的边际价值受哪些因素影响？

随着公司财务灵活性的提高，公司保持财务灵活性的成本（包括无法获得利息税盾收益和现金持有量过高所导致的代理成本等）将逐渐增加，因此公司财务灵活性的边际价值大小将随着公司财务灵活性的提高而减少，即边际价值递减。也就是说，公司财务灵活性边际价值的大小取决于公司财务灵活性的高低。在已有文献中，公司财务灵活性由公司现金持有量和杠杆水平共同决定（Graham 和 Harvey，2001；姜英冰，2004；赵蒲和孙爱英，2004；Lemmon 和 Zender，2008；Clark，2010）。但由于我国资本市场采取了与西方注册制不同的再融资核准制，公司是否符合制度规定的准入资格，在半强制分红制度背景下表现为公司的股利分配水平是否达到相应的半强制分红指标，也就决定了公司能否拥有融资渠道，因而这也成为决定我国上市公司财务灵活性的一个方面。其中，现金持有量越高，杠杆水平越低，或是符合制度规定的准入资格时，公司财务灵活性越高；现金持有量越低，杠杆水平越高，或是不符合制度规定的准入资格时，公司财务灵活性越低。在财务灵活性一定的条件下，这三者具有替代效应。因此，公司将基于既定的现金持有量和杠杆水平所确定的财务灵活性的高低，来决定是否应获取额外的财务灵活性——再融资渠道的畅通，也就是再融资期权。总而言之，公司财务灵活性越低时，财务灵活性的边际价值越高，公司将越有动机获得再融资期权，也就越倾向于采取股利迎合策略。因此，我们所要验证的假设1就是：公司将根据财务灵活性这一因素来进行股利迎合策略的决策，财务灵活性边际价值越高，越倾向于获取财务灵活性，即越倾向于采取股利迎合策略。具体而言，分为H1a和H1b两个假设：

H1a：财务灵活性边际价值高的公司更倾向于采取股利迎合策略，财务灵活性影响上市公司股利决策。

同时，我们还发现，与2008年的政策不同，2006年出台的半强制分红政策规定的最低分红水平将上市公司派发的股票股利也计算在内，而股票股利相比于现金股利而言，可以将现金留在公司，这将保持公司的财务灵活性。因此，我们将2006年的样本独立出来研究财务灵活性是否不仅影响了公司实际的股利分配水平，而且还影响了股利的分配形式。我们预期，财务灵活性边际价值高的公司将更倾向于采用股票股利的形式来迎合分红政策，因此我们针对2006年的样本提出H1b，试图从另一个侧面验证公司在决定股利形式的股利决策中同样考虑了财务灵活性这一因素。

H1b：财务灵活性边际价值高的公司更倾向于采用股票股利的形式来迎合分红政策，财务灵活性影响上市公司的股利支付方式。

二、半强制分红政策效果评价

在探讨上市公司股利决策机制的同时，我们更为关注的是这种行为所造成的经济后果。因此，我们进一步考察上市公司采取股利迎合策略对于公司自身业绩和市场整体效率的影响，以及监管当局在此过程中所扮演的角色和作用，以期对半强制分红政策的经济后果进行全面的衡量和评价。

　　根据之前的理论分析，当公司杠杆偏高，现金流较少时，公司财务灵活性边际价值较高，融资意愿较强烈，公司倾向于采取股利迎合策略。又由于财务灵活性边际价值较高的公司更倾向于进行股权再融资（在半强制分红政策中，并未确切规定再融资的类型。但是根据 Clark（2010）的研究结论，对于财务灵活性边际价值高的公司，更倾向于实施的应该是股权再融资而非债权再融资。这是由于尽管这两项融资所带来的资金都能够实现公司财务灵活性的提升和公司价值的增加，但是由于债权再融资同时提高了公司的杠杆，使得其后公司财务灵活性相较股权再融资而言有所下降。因此，鉴于实施股利迎合策略的公司本身就是财务灵活性边际价值高的公司，我们可以认为实施股利迎合策略的公司更倾向于实施股权再融资而非债权再融资。另外，股权再融资仍是我国资本市场的主要再融资形式，这并不会对本章结果造成实质影响），在不存在再融资资格筛选的情况下，公司实际再融资的概率将取决于其再融资动机的强弱，因此财务灵活性边际价值高的公司实际股权再融资的概率将更高。同时，根据 Gamba 和 Triantis（2008）的观点，财务灵活性会增加公司价值（另一个需要说明的问题是，实际上在公司实施迎合策略后，就已经获得了再融资的期权，获得了相应的财务灵活性价值。但此项财务灵活性价值的增加有别于股权再融资的价值增加。股权再融资行为对应的价值增加是通过增加公司的现金持有量而提高公司的财务灵活性水平所实现的价值增加，但这项增加同样取决于财务灵活性边际价值的大小。本处所指的是后者），那么实际进行股权再融资的公司由再融资而提升的财务灵活性将带来公司价值的增加，这将使得公司表现出更好的业绩。最终，社会资本将流向那些资金短缺急需融资的公司，而这些公司也将在再融资后表现出良好的业绩。在这种情况下，每个公司在根据自身财务灵活性边际价值进行财务决策的同时，实现了社会资源的优化配置。

　　所以，对政策效果的检验实际上要从前提、过程和结果三个方面来同时验证。我们首先要检验监管实施的前提，即半强制分红政策本身所制定的最低分红水平是否有助于区分公司业绩的好坏。既然监管当局以股利分配水平作为再融资资格的门槛之一，那么半强制分红门槛应该能够反映公司未来的业绩优劣。也就是说，股利支付水平达到了相应的半强制分红指标规定的公司，其业绩应该优于同期其他公司。如果半强制分红政策设定的最低股利分配水平并不能达到鉴别公司业绩好坏的目的，那么用作筛选条件的最低股利分配水平的门槛作用本身就不够有效。

其次，我们对过程的检验关注在再融资资格的筛选过程中，监管当局对于公司再融资资格的筛选是否有效。由于我国再融资实施的是核准制，因此如果监管当局的再融资资格筛选是有效的，那么也许可以作为半强制分红政策门槛的一种补充机制，在半强制分红政策规定不能有效发挥分辨作用的情况下，鉴别出业绩优良的公司。根据上面的理论分析，财务灵活性边际价值越高的公司，越倾向于获得财务灵活性，而增加的财务灵活性又会导致公司价值的增加（Gamba 和 Triantis，2008）。在其他条件相同的情况下，财务灵活性边际价值高的公司在再融资后的业绩将更好。如果财务灵活性边际价值越高的公司获得股权再融资资格的概率越高，那么股权再融资所导致公司财务灵活性水平提高而增加的公司价值相应较高。在这种情况下，监管当局对于再融资资格的筛选是有效率的；相反，如果财务灵活性边际价值越高的公司获得股权再融资资格的概率越低，或是财务灵活性的高低并不影响公司实际再融资的概率，那么实际进行股权再融资的公司所实现的社会总体价值的增加将低于前一种情况。在这种情况下，监管当局对于再融资资格的筛选就不那么有效了。

然而，对过程的检验还不能直观地展示实际再融资的公司在再融资后的业绩如何，这还依赖于理论分析与现实的相符程度。从投资者的角度出发来考虑，只有当实际股权再融资的公司再融资后的业绩较同期其他公司更好时，社会资金才得以合理地分配，才能真正保护投资者的利益。因此，我们对过程检验最终的关注点还要落在对监管当局再融资资格筛选的结果上。当实际股权再融资的公司再融资后的业绩表现优于同期其他公司时，监管有效；当二者差异不显著或是实际股权再融资公司再融资后的业绩表现劣于同期其他公司时，监管失灵。

从政策制定者的角度来看，颁布的新政策应该能够有效地提高具备再融资资格的公司的质量；而核准制的本意也是通过监管当局对再融资资格的筛选，挑选出那些具有发展潜力却又资金短缺的公司。在这样的前提假定下，我们提出研究假设 H2a 和 H2b：

H2a：达到半强制分红政策规定的最低分配水平的公司，其业绩表现优于同期其他公司，半强制分红政策制定的最低分配水平能够有效地区分公司业绩优劣，半强制分红政策有效。

H2b：实际股权再融资公司再融资后的业绩表现优于同期其他公司，监管有效。

第三节　实证研究设计

一、数据来源和样本选取

由于在拟定再融资年份的前一年决定是否通过股利迎合策略以获得股权再融资期权的不确定性成本最小，因此在 2006 年和 2008 年半强制分红政策颁布当年采取股利迎合策略的公司，拟定的再融资年份应该分别为 2007 年和 2009 年（下文称这两年为样本年度），而公司决定是否要采取迎合策略的决策年份则为政策颁布的当年。从前文关于半强制分红制度背景下公司股利政策的描述统计中所观察到的在 2006 年和 2008 年公司股利集中发放的特征也与此样本设定相符。

本章将 2007 年与 2009 年这两年称为样本期，而将用于半强制分红水平计算的样本期的前三年（分别是 2004～2006 年和 2006～2008 年）称为考察期，以所有 A 股上市公司为样本，剔除 ST 或 PT 的公司、金融类企业、数据不完整以及数据异常的观测值（数据异常的观测值是指公司实际进行再融资但相应的股利支付比率低于当年半强制分红指标规定的观测值，均未达当年样本数的 5%）。数据全部来源于 CSMAR 数据库、RESSET 数据库（www. resset. cn）以及 WIND 数据库。

二、变量定义与计算

（一）财务灵活性的边际价值

本章在探讨上市公司的股利迎合策略时，因变量为公司股利迎合策略的虚拟变量以及是否发放股票股利的虚拟变量，主要自变量为财务灵活性的边际价值。

本章在半强制分红背景下探讨财务灵活性对公司财务政策的影响，由于该政策所导致的决策区间分别为 2006 年和 2008 年，因此，为了突出半强制分红政策的影响，本章对财务灵活性边际价值的计算方法与第三章中的计算方法略有不同。其中，估计方程的因变量分别为 2006 年和 2008 年的年度累计超额收益率（CAR）。借鉴 Clark（2010）的方法，本章根据 Fama - French 三因子模型估计得出的当年月度累计超额收益率加总而得到该年年度累计超额收益率（CAR）。首先运用估计样本年度前 60 个月（分别为 2001—2005 年和 2003—2007 年）的月度收益率估计出相应系数，再根据相应系数估计出正常收益率，从而计算得出月度累计超额收益率，最后加总得到年度累计超额收益率。

借鉴 Faulkender 和 Wang（2006）的方法，本章采用如下估计方程估计现金的边际价值：

$$R_{i,t} = r_0 + r_1 \frac{\Delta C_{i,t}}{M_{i,t-1}} + r_2 \frac{C_{i,t-1}}{M_{i,t-1}} \times \frac{\Delta C_{i,t}}{M_{i,t-1}} + r_3 L_{i,t} \times \frac{\Delta C_{i,t}}{M_{i,t-1}} + r_4 \frac{\Delta E_{i,t}}{M_{i,t-1}} +$$

$$r_5 \frac{\Delta NA_{i,t}}{M_{i,t-1}} + + r_6 \frac{\Delta I_{i,t}}{M_{i,t-1}} + r_7 \frac{\Delta D_{i,t}}{M_{i,t-1}} + r_8 \frac{C_{i,t-1}}{M_{i,t-1}} + r_9 L_{i,t} + r_{10} \frac{NF_{i,t}}{M_{i,t-1}} + \varepsilon_{i,t}$$

$$(4-1)$$

其中，$R_{i,t}$ 是公司年度累计超额回报率；$\Delta X_{i,t}$，是公司 i 对应的所有变量 X_i 从 t－1 时期到 t 时期发生的变动额；C 是现金及有价证券，即货币资金和交易性金融资产；E 为息税前利润加上折旧和摊销（EBITDA）；NA 为公司总资产扣除现金后的净值；I 为利息支出；D 为现金股利总额；L 为市值杠杆；NF 为年度融资净额，等于长期负债的增加额加上权益融资净额；M 为权益市值。

根据现金边际价值的定义，估计方程中与 $\frac{\Delta C_{i,t}}{M_{i,t-1}}$ 交乘的部分即为现金边际价值的组成部分，即公司现金边际价值等于：

$$MVOC_{i,t} = \hat{r_1} + r_2 \frac{C_{i,t-1}}{M_{i,t-1}} + \hat{r_3} L_{i,t}$$

从前文公司股利行为的典型特征中可以看出，公司采取的股利迎合策略都是基于公司拟定再融资的前一年数据所做出的，因此以 2007 年和 2009 年作为再融资基准年份时，对应的决策年份分别为 2006 年和 2008 年。分别以公司 2006 年和 2008 年的数据对方程（4-1）进行估计，主要变量的估计结果如表 4-1 所示。

表 4 – 1　现金边际价值估计方程主要变量回归结果

因变量	年度累计超额收益	
模型	(4 – 1)	
Intercept	0.0700 ** (2.23)	0.1431 *** (5.59)
$\dfrac{\Delta C_{i,t}}{M_{i,t-1\,i,t}}$	0.8986 *** (3.94)	3.1345 *** (5.00)
$\dfrac{C_{i,t-1}}{M_{i,t-1}} \times \dfrac{\Delta C_{i,t}}{M_{i,t-1}}$	– 0.1826 *** (– 3.02)	– 0.6957 (– 0.46)
$L_{i,t} \times \dfrac{\Delta C_{i,t}}{M_{i,t-1}}$	– 0.9197 * (– 1.85)	– 4.0155 *** (– 3.33)
样本期	2006 年	2008 年
样本总数	845	1118
调整 R 平方	23.37%	47.53%

注：表中括号内为 t 统计值，*** 表明在 1% 的显著性水平上显著，** 表明在 5% 的显著性水平上显著，* 表明在 10% 的显著性水平上显著。

根据 2006 年和 2008 年的回归结果，可得这两年的现金边际价值分别为：

$$MVOC_{i,2006} = 0.8986 - 0.1826 \times \frac{C_{i,2005}}{M_{i,2005}} - 0.9197 \times L_{i,2006}$$

由于 2008 年 $\dfrac{C_{i,t-1}}{M_{i,t-1}}$ 一项的系数不显著，从而只计算 $\hat{r_1} + \hat{r_3}L_{i,t}$，可得：

$$MVOC_{i,2008} = 3.1345 - 4.0155 \times L_{i,2008}$$

（二）盈利能力

在探讨半强制分红政策的有效性时，回归方程的因变量为公司未来盈利能力的指标。我们选取公司在样本期间的净资产收益率（ROE）作为短期业绩指标，而选取公司在样本年度当年（2007 年或 2009 年）及后一年净资产收益率（ROE）指标的平均值作为长期业绩指标（为了保证在两个样本期内都能获得同样时间长度的业绩指标，并且由于现有数据仅统计至 2010 年，所以只能将长期业绩指标限定为两年财务指标的平均值。而这个长期仅仅是相对于短期业绩指标而言,而更长的样本期间的检验则依赖于后续研究)。主要自变量包括财务灵活性边际价值、是否达到半强制分红最低水平的虚拟变量以及是否进行了增发或配股的虚拟变量(公司进行增发的年份判定,是以决议公告日期对应的年份为准;而公司进行配股的年份,即配股年度)。

(三) 政策规定的分红水平度量

判断公司是否采取了迎合策略的方法是观察公司分红水平是否达到了证监会规定的最低分红水平标准。而这一分红水平的计算如下:

其中,分红量度1(Measure 1)等于2004~2006年以股票股利及现金股利形式分配的利润总额除以年均可分配利润;量度2(Measure 2)等于2006~2008年以现金股利形式分配的利润总额除以年均可分配利润,年均可分配利润等于年均净利润。由于可分配利润是以账面值为基础的,因此以股票股利形式分配的利润总额就等于送股的总股数乘以每股账面值1元而得出。具体计算公式如下:

$$量度1 = \frac{\sum\limits_{t=-3}^{-1} (送股总数 \times 1 + 现金股利总额)}{\frac{1}{3}\sum\limits_{t=-3}^{-1} 净利润}$$

$$量度2 = \frac{\sum\limits_{t=-3}^{-1} 现金股利总额}{\frac{1}{3}\sum\limits_{t=-3}^{-1} 净利润}$$

(四) 控制变量

在以往文献关于财务灵活性的定义中,均假定公司举债能力一定(DeAngelo、DeAngelo 和 Whited,2010;Clark,2010),在这种情况下,财务灵活性边际价值的高低由于受到公司杠杆水平的影响,能够反映出公司剩余举债能力的大小。但是,国内上市公司之间杠杆差异较大,不同行业和不同企业的举债能力和预算约束都存在差异。如姜英冰(2004)认为财务灵活性是"公司动用剩余举债能力,以应对可能发生或无法预见的紧急情况,以及把握未来投资机会的能力,是公司融资对内外环境的反应能力、适应程度及调整的余地",这说明我国上市公司的财务灵活性会受到公司剩余举债能力的影响,因此我们将公司剩余举债能力(Spare Debt Capacity)

放入回归方程中加以控制。计算方法为公司剩余举债能力 = Max（0，同行业平均负债水平 − 公司现有负债水平）（赵蒲和孙爱英，2004），其中负债水平以账面值为基础进行计算。

考虑到目前许多公司通过商业信用获得了债务和股权融资方式以外的融资渠道与融资能力，我们在控制变量中加入公司商业信用融资能力，以反映公司的议价能力（Bargaining Power）带来的额外融资能力，度量指标为商业信用融资净额/当年销售收入，其中商业信用融资净额为应付额（包括应付票据、应付账款和预收账款）− 应收额（包括应收票据、应收账款和预付账款）（饶品贵和姜国华，2010）。

同时考虑到国有企业可能面临的预算软约束（田利辉，2005）以及公司股权融资可能导致的控制权稀释对于公司大股东的影响，我们在控制变量中还加入是否为国有企业（当最终控制人性质为中央国资委、地方国资委、地方政府时，这类企业划分为国有企业）的虚拟变量以及公司股权集中度（公司前十大股东所拥有股份占公司总股份的比例）和公司规模（总资产的对数）。

权小锋等（2010）还提出，在半强制分红政策的影响下，企业现金股利决策的难度加大，行业内形成模仿的氛围，以规避决策风险。因此，考虑到同行业公司在发放股利时为了规避政策风险而相互进行模仿的倾向，我们在探讨公司股利迎合特征时还控制了半强制分红量度 1 和量度 2 的行业均值。

另外，我们还控制了公司的成长性。本章参考 Lankonishok 和 Lev（1987）的做法，以公司在考察期内所实现的净利润增长率的平均值来度量公司的成长性，即：

$$g = \left[\frac{（净利润_t − 净利润_{t-1}）}{净利润_{t-1}} + \frac{（净利润_{t-1} − 净利润_{t-2}）}{净利润_{t-2}} + \frac{（净利润_{t-2} − 净利润_{t-3}）}{净利润_{t-3}} \right] / 3$$

关于公司成长性的度量，以往文献中往往采用 MB 值。但是，MB 实际上不仅度量了公司的成长性，同时还包含了市场对于公司的估值。由于财务灵活性可以提高公司价值，因此从理论上说，财务灵活性边际价值与公司的 MB 将呈现出较强的相关关系。我们对此进行了 Pearson 相关系数的检验（见表 4 − 2、表 4 − 3）：

表 4 – 2　**Pearson 相关性检验（样本期：2006 年；样本数：780）**

	MB	MVOC	g	BCF	SDC	SIZE	OWNCON10	INDPAY	INDROE	ROE_ST	ROE_LT
MB	1.000	0.629***	0.016	-0.046	0.077**	-0.224***	0.288***	-0.021	-0.081**	0.285***	0.094***
MVOC		1.000	-0.002	-0.195***	0.171***	-0.409***	0.217***	0.074**	-0.100***	0.133***	0.110***
g			1.000	-0.002	0.003	-0.011	0.022	-0.094***	-0.002	0.088**	0.041
BCF				1.000	0.118***	0.155***	0.057	-0.051	-0.016	0.008	0.025
SDC					1.000	-0.095***	-0.062*	-0.083**	-0.007	-0.046	-0.029
SIZE						1.000	0.132***	0.021	-0.001	0.079**	0.172***
OWNCON10							1.000	0.022	0.005	0.142***	0.154***
INDPAY								1.000	-0.134***	-0.034	-0.007
INDROE									1.000	-0.082**	-0.056
ROE_ST										1.000	0.554***
ROE_LT											1.000

注：***表明在1%的显著性水平上显著，**表明在5%的显著性水平上显著，*表明在10%的显著性水平上显著。

表 4 - 3　Pearson 相关性检验（样本期：2008 年；样本数：799）

	MB	MVOC	g	BCF	SDC	SIZE	OWNCON10	INDPAY	INDROE	ROE_ST	ROE_LT
MB	1.000										
MVOC	0.563***	1.000									
g	0.049	0.030	1.000								
BCF	-0.092***	-0.219***	0.027	1.000							
SDC	0.189***	0.563***	0.048	-0.176***	1.000						
SIZE	-0.252***	-0.483***	-0.033	0.161***	-0.297***	1.000					
OWNCON10	0.137***	0.061*	0.130***	0.013	-0.025	0.254***	1.000				
INDPAY	-0.073***	-0.027	-0.049	-0.104***	0.081**	0.140***	0.130***	1.000			
INDROE	0.110***	0.090**	0.056	0.101***	-0.032	-0.066*	-0.014	-0.320***	1.000		
ROE_ST	0.362***	0.208***	0.206***	0.102***	0.006	0.093***	0.224***	0.001	0.183***	1.000	
ROE_LT	0.401***	0.203***	0.159***	0.079**	0.006	0.102***	0.256***	-0.025	0.157***	0.844***	1.000

注：*** 表明在1% 的显著性水平上显著，** 表明在5% 的显著性水平上显著，* 表明在10% 的显著性水平上显著。

检验结果发现在两个样本期间内，MB 与财务灵活性边际价值的相关系数都超过了 0.5，且显著相关。因此，我们在本章中倾向于不采用 MB 来度量公司成长性，以避免可能产生的共线性等问题。而本章采用的成长性指标的度量是借鉴 Lankonishok 和 Lev（1987）的方法，计算了平均净利润增长率。由于本章研究的是半强制分红政策，而政策中关于分红水平的量度是以公司净利润为标准的，也就是说，净利润越高的公司要达到半强制分红政策要求，所需分配的股利相应越高。因此，我们以净利润增长率度量公司成长性，还起到了控制净利润水平高低影响公司迎合难易程度的作用。并且，本章还采用政策中所述的"最近三年"作为净利润增长率的计算期间，使我们的变量设定可以更好地符合半强制分红政策制度背景下公司行为的设定。

同时，将以往文献中提到的可能影响公司业绩的因素，如总资产规模、公司前一年的盈利能力、行业同期盈利水平以及股权集中度等也作为控制变量放入回归方程中。

本章所涉及的实证研究的变量设计具体如表 4 - 4 所示。

表 4 - 4   实证研究变量的定义与说明

	变量名称	变量标识	变量定义
因变量	股利迎合策略	Cater	当公司的股利分配水平大于或等于半强制分红政策要求的最低分配水平，则该值为 1，否则为 0
		SD	公司在考察期内是否分配股票股利，分了股票股利的公司取 1，未分配的取 0
	股权再融资行为	SEO	当公司在样本年度进行再融资时，SEO = 1；否则，SEO = 0
	公司未来盈利水平	ROE_ ST	样本期当年净资产收益率
		ROE_ LT	样本期与后一年净资产收益率的平均值
主要自变量	财务灵活性	MVOC	财务灵活性的边际价值
	剩余举债能力	SDC	Max（0，同行业平均负债水平 - 公司现有负债水平）
	盈利增长率	g	考察期公司年均净利润增长率

	变量名称	变量标识	变量定义
控制变量	商业信用融资能力	BCF	(应付额－应收额)/同年销售收入
	国有产权性质的虚拟变量	SOE	当公司最终控制人为国有时,SOE＝1；其他样本时，SOE＝0
	行业股利支付率	INDPAY	半强制分红水平度量的行业平均值
	公司历史盈利水平	ROE_lag	样本期前一年的净资产收益率
	行业净资产负债率	INDROE	公司未来盈利水平的行业平均值
	前十大股东持股比例	OWNCON10	样本期前一年的前十大股东所持股份总数/公司总股数
	规模	SIZE	样本期前一年的总资产的自然对数

三、实证模型

我们首先要考察公司采取股利迎合策略受到哪些因素的影响，因此以是否采取股利迎合策略的虚拟变量作为因变量，建立 Logistic 模型进行全样本回归，回归方程如下：

$$\text{Logit （Cater）} = \alpha + \beta_1 MVOC + \beta_2 SDC + \beta_3 g + \beta_4 BCF + \beta_5 OWNCON10 +$$
$$\beta_6 SOE + \beta_7 INDPAY + \beta_8 SIZE + \varepsilon \qquad (4-2)$$

而且，由于2006 年政策中仅规定股利发放的总体数额，而未规定股利发放的形式，因此对于2006 年采取股利迎合策略的公司样本，以公司在考察期内是否发放股票股利的虚拟变量作为因变量，考察以股票股利的形式来进行股利迎合的公司特征，回归方程如下：

$$\text{Logit （SD）} = \alpha + \beta_1 MVOC + \beta_2 SDC + \beta_3 g + \beta_4 BCF + \beta_5 OWNCON10 +$$
$$\beta_6 SOE + \beta_7 SIZE + \varepsilon \qquad (4-3)$$

公司股利迎合策略在一定程度上反映出了公司股权再融资的意愿，但即使公司已达到股权再融资所规定的基本要求，公司最后是否能够实现股权再融资，与监管当局对于公司再融资资格的筛选有关。因此，我们以采取股利迎合策略的公司作为样本，以公司是否进行股权再融资的虚拟变量作为因变量进行 Logistic 回归，通过考察公司实际再融资行为与财务灵活性的关系来初步检验监管的效率，回归方程如下：

$$\text{Logit}（\text{SEO}）= \alpha + \beta_1 \text{MVOC} + \beta_2 \text{SDC} + \beta_3 g + \beta_4 \text{BCF} + \beta_5 \text{OWNCON10} +$$
$$\beta_6 \text{SOE} + \beta_7 \text{SIZE} + \varepsilon \qquad (4-4)$$

接着，我们通过公司的未来绩效进一步考察监管效率以及半强制分红指标的合理性。由于半强制分红政策只规定了最低的分红比例，而半强制分红指标对于公司的筛选可以看作是以是否达到了该分红比例为标准，也就是本章所界定的是否采取了股利迎合策略，因此在回归方程中，我们只加入该虚拟变量，而非实际股利分配水平，来考察半强制分红政策对公司业绩优劣的筛选作用。但与之前方程（4-2）着重于考察股利迎合策略的决策因素不同，方程（4-5）和方程（4-6）中的 Cater 变量主要考察在股利分配水平达到以及未达到半强制分红指标所对应的公司业绩之间是否存在差异，以反映半强制分红指标作为股利分配水平的门槛的合理性，因此方程（4-5）和方程（4-6）将仅以股利分配水平不为 0 的所有公司作为样本，建立多元回归方程如下：

$$\text{ROE\_ ST} = \alpha + \beta_1 \text{Cater} + \beta_2 \text{MVOC} + \beta_3 \text{SEO} + \beta_4 g + \beta_5 \text{ROE\_ Lag} +$$
$$\beta_6 \text{OWNCON10} + \beta_7 \text{INDROE} + \beta_8 \text{SIZE} + \varepsilon \qquad (4-5)$$

$$\text{ROE\_ LT} = \alpha + \beta_1 \text{Cater} + \beta_2 \text{MVOC} + \beta_3 \text{SEO} + \beta_4 g + \beta_5 \text{ROE\_ Lag} +$$
$$\beta_6 \text{OWNCON10} + \beta_7 \text{INDROE} + \beta_8 \text{SIZE} + \varepsilon \qquad (4-6)$$

四、描述性统计结果

表 4-5　主要变量描述性统计结果

变量	样本期	N	均值	中值	最大值	最小值	标准差
分红量度 1（Measure 1）	2004～2006 年	780	1.148	1.088	11.613	0.000	0.911
分红量度 2（Measure 2）	2006～2008 年	799	0.701	0.592	3.902	0.000	0.635
财务灵活性边际价值（MVOC）	2006 年	780	0.548	0.562	0.882	-0.208	0.178
	2008 年	799	1.657	1.719	3.123	-0.199	0.765
剩余举债能力（SDC）	2006 年	780	0.145	0.021	1.436	0.000	0.282
	2008 年	799	0.063	0.000	0.531	0.000	0.101

续表

变量	样本期	N	均值	中值	最大值	最小值	标准差
商业信用融资	2006 年	780	0.071	0.044	7.842	-4.258	0.514
（BCF）	2008 年	799	0.043	0.049	1.894	-6.339	0.440
净利润	2004~2006 年	780	0.534	0.207	46.284	-3.404	2.159
增长率（g）	2006~2008 年	799	1.190	0.316	81.315	-13.555	5.164
短期 ROE 指标	2007 年	780	0.094	0.085	1.643	-3.393	0.154
（ROE_ST）	2009 年	799	0.095	0.077	0.984	-0.278	0.092
长期 ROE 指标	2007~2008 年	665	0.103	0.094	0.433	-0.289	0.070
（ROE_LT）	2009~2010 年	641	0.097	0.083	0.562	-0.154	0.077

从表 4-5 来看，分红量度 1 的均值和最大值均大于量度 2，说明仅计算现金股利的半强制分红指标加大了公司迎合的难度。2008 年财务灵活性边际价值均值和最大值都较大，有较大的标准差，说明 2008 年公司间财务灵活性边际价值的差异性较大。而且，相比于 2006 年，2008 年公司剩余举债能力普遍较低，大部分公司都已经没有剩余举债能力，杠杆偏高。两个样本期商业信用融资额的比例变动不大。以 2004~2006 年计算而得的公司成长性的均值和标准差均小于 2006~2008 年计算得出的相应值，这表明以 2008 年作为基准点的公司成长性较高，差异也较大。在两个样本期中，公司盈利水平指标的均值和标准差的差异很小。

第四节　实证结果与分析

一、股利迎合策略与财务灵活性

我们根据方程（4-2），分别对 2006 年和 2008 年的样本数据进行回归，考察采取股利迎合策略的公司的特征，进而以 2006 年采取了股利迎合策略的公司作为样本，考察公司在决定以何种股利形式来实施迎合策略时是否仍受到财务灵活性的影响，回归结果如表 4-6 所示。

表4-6 股利迎合策略与财务灵活性

因变量	Logit（Cater）	Logit（SD）	Logit（Cater）
模型	(4-2)	(4-3)	(4-2)
Intercept	-27.9672***	-7.2309***	-20.8357***
	(53.70)	(7.17)	(57.87)
MVOC	3.6228***	1.3589**	0.7300***
	(22.25)	(4.01)	(20.43)
SDC	-0.5637*	0.1541	-0.9831
	(2.79)	(0.17)	(0.92)
g	-0.0186	-0.0206	-0.0813***
	(0.25)	(0.09)	(8.98)
BCF	0.4589*	-0.0478	0.1029
	(2.63)	(0.04)	(0.30)
SOE	0.1372	-0.4959**	0.3134*
	(0.39)	(5.14)	(2.92)
OWNCON10	2.489***	-1.5956*	1.9336***
	(8.23)	(3.56)	(9.06)
SIZE	1.2263***	0.2932**	0.8405***
	(53.03)	(5.65)	(47.76)
INDPAY	0.3207		1.9480***
	(0.45)		(9.90)
样本期	2006年	2008年	2006年
样本总数	780	652	799
最大似然比	101.4689	11.9528	132.4627
Pr > ChiSq	<0.0001	0.10	<0.0001

注：表中括号内为Wald卡方系数，***表明在1%的显著性水平上显著，**表明在5%的显著性水平上显著，*表明在10%的显著性水平上显著。

如表4-6所示，在两个样本期内，公司财务灵活性边际价值的相关系数均显著为正，也就是说，财务灵活性边际价值更高的公司更有可能采取股利迎合策略，假设H1a得到验证。公司剩余举债能力的相关系数显著为负，这意味着剩余举债能力较低的公司采取股利迎合策略以获得股权再融资期权的动机更为强烈，这符合我们的预期。当公司剩余举债能力较低时，将越依赖于股权融资，因此更有可能采取股利迎合策略。但由于财务灵活性边际价值的系数较大，且显著性较强，意味着其对于公司采取迎合策略的概率的影响较大，说明公司在考虑是否采取股利迎合策略时首要考虑的仍是财务灵活性这一因素。同时，由于商业信用融资的成本较债务融资和股权融资都低，因此商业信用融资能力对应的变量系数显著为正，意味着公司在进行再融资决策时倾向于增大自身的财务灵活性。

当样本期为 2008 年时，公司采取迎合策略的概率与公司剩余举债能力和商业信用融资能力之间的相关关系不显著，但与公司成长性呈现出显著的负相关关系。这主要是由于在 2008 年半强制分红指标中仅计算现金股利的分配额，而对于成长性高的企业而言，现金流往往存在紧张或短缺，使其对政策进行迎合的难度增大，并进而导致其股权再融资的困难。在这种情况下就有可能产生"监管悖论"，使得成长性好但资金短缺的公司无法实现股权融资，影响社会资源的配置效率。当半强制分红指标中仅包含现金股利时，国有产权性质的公司相较同期其他公司而言更愿意采取股利迎合策略。而且，2008 年的政策变动使得行业股利支付的均值对公司迎合策略的概率产生了显著为正的影响，这说明公司在进行现金股利决策时显得较为谨慎，特别是在面对政策变动的不确定性时，公司希望通过参照行业水平来规避政策风险。

除此之外，股权集中度及公司规模也影响了公司采取股利迎合策略的概率，二者均显著为正，说明公司规模越大，股权集中度越高，公司越愿意采取股利迎合策略。从公司治理的决策层面角度来看，当股权集中度越高时，公司的决策越快速，对于政策的迎合效率越高，更能够对新颁布的政策做出快速响应。

考虑到 2006 年的指标中包含了股票股利的计算，因此我们以 2006 年采取了迎合策略的公司作为样本，根据方程（4－3）进行 Logistic 回归来考察以股票股利形式进行迎合的公司的特征。回归结果表明，在公司所采取的股利迎合策略中，财务灵活性仍然是影响公司是否采取股票股利来进行迎合的主要因素。财务灵活性的边际价值越大，意味着公司保留财务灵活性的价值越大，从而采取股票股利来实施迎合策略的动机更强烈，支持假设 H1b。这从另一个侧面证明了财务灵活性确实是影响公司股利决策的重要因素，不仅影响公司是否采取迎合策略，还影响其在政策规定的范围之内可选择的股利形式。国有产权性质与股权集中度这个变量与公司采取股票股利迎合的概率呈现显著的负相关关系，这表明国有企业和股权集中度高的企业更不愿意采取股票股利的形式来进行迎合。

二、股权再融资行为与财务灵活性

在对半强制分红政策效果的检验中，我们要检验监管当局在再融资资格筛选过程中是否有效。从上面的回归结果可以看出，财务灵活性边际价值越高的公司确实越倾向于采取股利迎合策略，也就是说这些公司进行股权再融资的意愿应该越强。但是在核准制下，实际股权再融资的概率是否能够体现出财务灵活性边际价值高低的差异呢？我们根据方程（4-4）进行了 Logistic 回归，回归结果如表 4-7 所示。

表 4-7　股权再融资行为与财务灵活性

因变量	Logit（SEO）	
模型	（4-4）	
Intercept	-4.2806 (2.29)	-6.5072 ** (4.21)
MVOC	-0.6965 (1.04)	0.2742 (1.73)
SDC	0.8136 ** (5.41)	-6.0158 *** (7.83)
g	0.0707 * (2.66)	-0.0466 (0.19)
BCF	0.4042 * (2.56)	-0.1806 (0.33)
SOE	-0.4651 ** (4.14)	-0.3428 (1.56)
OWNCON10	1.4235 (2.41)	-1.3971 (2.11)

续表

因变量	Logit（SEO）	
模型	（4－4）	
SIZE	0.1144 （0.78）	0.2549 * （3.10）
样本期	2007 年	2009 年
样本总数	652	565
最大似然比	24.2889	18.0067
Pr > ChiSq	0.001	0.012

注：表中括号内为 Wald 卡方系数，＊＊＊表明在 1% 的显著性水平上显著，＊＊表明在 5% 的显著性水平上显著，＊表明在 10% 的显著性水平上显著。

如表 4－7 所示，与公司迎合行为不同，在两个样本期中，公司实际融资行为与公司财务灵活性的边际价值均无显著的相关关系。这说明在国内资本市场实施核准制的情况下，公司的实际融资行为与公司的融资意愿之间确实存在着不一致的现象。

国有产权性质与公司实际再融资的概率之间的相关系数显著为负，说明国有企业实际进行股权再融资的概率比其他企业要低。结合之前得出的国有企业更愿意采取股利迎合策略且更不愿意采用股票股利的方式来迎合的结果，可以从另一个方面证明国有企业确实存在预算软约束，表现在股利政策上就是更倾向于分配现金股利，而不是保留现金，并且当股利分配水平达到半强制分红政策要求时，不倾向于进行股权再融资。

在 2007 年显著为正的公司成长性指标在 2009 年并不显著，甚至符号也为负，正如前文所分析的，对于成长性高的企业而言，要达到 2009 年的再融资资格所对应的半强制分红指标较为困难，从而降低了该类企业通过股权再融资的可能性。

两个样本期中，公司实际股权再融资与剩余举债能力之间的相关关系均显著相关，但符号相反。2007 年的样本期中，剩余举债能力越大的公司获得实际股权再融资资格的可能性越大，这意味着实际再融资的公司相对杠杆水平较低；而 2009 年则正好相反。这种不一致所导致的后果是什么？我们进一步考察公司业绩与股权再融资行为之间的关系，以得出判断。

三、股权再融资行为、股利迎合策略与公司业绩水平

从理论分析中我们已经得出，财务灵活性边际价值与公司业绩之间应呈显著的正相关关系，而表4-7中公司实际再融资行为与财务灵活性边际价值之间的相关关系不显著，这使我们初步判断监管当局对于上市公司再融资资格的筛选并不那么有效。但是，这个判断依赖于理论分析的准确性。因此，我们根据方程（4-5）和方程（4-6）分别进行多元回归，一方面对公司财务灵活性与公司业绩之间的相关关系提供直接的实证证据，另一方面也对半强制分红政策实施后的公司业绩进行比较评价，回归结果如表4-8所示。

表4-8 半强制分红政策实施后公司业绩表现

因变量	ROE_ ST		ROE_ LT	
模型	（4-5）		（4-6）	
Intercept	-0.1862***	-0.2944***	-0.2648***	-0.3130***
	（-3.74）	（-3.50）	（-4.76）	（-4.3）
Cater	0.0195	0.0029	0.0125	0.0087
	（1.59）	（0.33）	（0.91）	（1.09）
MVOC	0.0472***	0.0283***	0.0546***	0.027***
	（4.10）	（6.48）	（4.25）	（6.65）
g	0.0016**	0.0011**	0.0013	0.0009**
	（2.08）	（2.08）	（1.54）	（1.87）
SEO	0.0127***	0.0078	0.0152***	0.0030
	（2.86）	（0.96）	（3.08）	（0.40）
ROE_ Lag	0.7990***	0.4242***	0.7242***	0.3496***
	（24.06）	（11.13）	（19.40）	（9.87）
OWNCON10	0.0022	0.0550**	0.0171	0.0608***
	（0.15）	（2.56）	（1.03）	（3.06）
INDROE	-0.0103	0.3741***	-0.0106	0.5634***
	（-1.12）	（4.89）	（-0.63）	（5.39）

续表

因变量	ROE_ ST		ROE_ LT	
模型	(4 – 5)		(4 – 6)	
SIZE	0.0076 ***	0.0102 ***	0.0116 ***	0.0102 ***
	(3.40)	(2.88)	(4.65)	(3.11)
样本期	2007 年	2009 年	2007 年	2009 年
样本总数	665	641	665	641
调整 R 平方	58.73%	34.90%	51.36%	33.54%

注：表中括号内为 t 统计值，*** 表明在 1% 的显著性水平上显著，** 表明在 5% 的显著性水平上显著。

如表 4 – 8 所示，在两个样本期中，公司未来业绩水平与公司成长性均呈显著正相关关系。但结合表 4 – 7 中实证结果可以得出，2007 年样本的公司成长性与股权再融资概率显著正相关，而 2009 年样本中相关关系符号为负，且不显著，这说明相较于 2009 年的样本而言，2007 年进行股权再融资公司的未来业绩较好。

变量 Cater 与公司业绩的相关性均不显著，说明半强制分红政策所规定的最低水平并不能很好地区分公司业绩的优劣水平，投资者将无法根据公司是否达到该门槛来发掘关于公司业绩水平的信息，因此拒绝假说 H2a，半强制分红政策所规定的最低水平并不能很好地区分公司业绩的优劣水平。我们认为，这部分是由于半强制分红政策所规定的最低分红标准实际上并不高，仅相当于年股利分配率 7% ~ 10% 的水平。但在本章的研究当中，我们同时也认为，半强制分红政策所规定的最低分配水平的实际意义在于它提供了一个标准，使得公司从财务灵活性的角度考虑是否要达到这个标准，逐步形成财务灵活性边际价值高的公司迎合的动机强于财务灵活性边际价值较低的公司，从而在某种程度上形成了一种自发的资源分配机制。而这项资源分配机制最终是否能够实现最优配置取决于半强制分红政策本身规定是否具有合理性以及监管当局对于再融资资格的筛选机制是否足够合理有效。结合表 4 – 7 的回归结果，监管当局对再融资资格的筛选与财务灵活性之间并无显著的相关关系，一定程度上说明了这种筛选机制不够有效。也就是说，在完全市场化的状态之下，半强制分红政策的最低分红水平所产生的实际效果可以更好地得到发挥，提高资源配置的效率。

在两个样本期中，公司未来业绩（短期业绩或长期业绩）与财务灵活性边际价值均呈现显著的正相关关系，我们之前的理论分析结论得到了实证证据的支持。这同时也说明不论从短期业绩还是长期业绩来看，财务灵活性边际价值相较半强制分红门槛而言能更好地指示公司业绩表现。

同时，对比两个样本期的监管效果，我们发现，当样本期为 2007 年时，公司再融资的虚拟变量 SEO 的相关系数显著为正，说明成功再融资的公司业绩水平好于同期其他公司，监管当局对于再融资资格的筛选能够保护投资者的利益，支持假设 H2b。而在 2009 年的样本中，是否再融资的虚拟变量 SEO 的系数不显著，说明再融资公司的业绩水平与同期其他公司几乎没有差异，拒绝假设 H2b，这也说明 2009 年的监管效率不如 2007 年。那么，为什么在两个样本年度中，公司实际再融资的概率与财务灵活性之间的相关关系均不显著，但最终以业绩评价的监管效果存在差异？

结合表 4－7 中关于公司实际融资行为的实证结果，在 2007 年的样本中，杠杆相对较低的企业获得再融资资格的概率更大，而 2009 年的样本中则是杠杆相对较高的企业获得股权再融资资格的概率更大。根据财务灵活性边际价值的计算公式，财务灵活性边际价值与公司市值杠杆间的相关性为负，因而杠杆水平越低的企业，对应的财务灵活性边际价值越高，未来业绩水平也越高。因此，2007 年的再融资样本相对于 2009 年的再融资样本而言，对应的财务灵活性边际价值较高，再融资所获得的公司价值增量更大，从而其业绩水平优于同期其他企业的概率更大，这可以部分解释监管当局的监管效率为何在两个样本期中存在差异。而另一个可能的解释则是，2007 年实际股权再融资的概率与公司成长性显著正相关，意味着实际再融资的公司成长性较好。而 2008 年的半强制分红政策增大了高成长性公司采取股利迎合策略以获得股权再融资资格的难度，使得实际筛选出来的公司对应的成长性较低。由于公司业绩与成长性间呈现显著正相关关系，因此2007 年再融资公司业绩较好，而 2009 年成功再融资公司则相较同期其他公司而言业绩较差。综合而言，从监管的结果来看，2007 年的监管效果要好于 2009 年，但这一部分是由再融资公司特征的差异导致的，而另一部分则是由半强制分红政策规定的差异导致的。但结合之前关于监管当局对再融资资格筛选的相关检验来看，由于实际股权再融资行为与公司财务灵活性边际价值之间相关关系不显著，考虑到公司财务灵活性边际价值与公司业绩之间显著的正相关关系，我们对监管当局的再融资资格筛选的有效性有所怀疑。

综合分析，我们认为，2006 年与 2008 年颁布的半强制分红政策本身确实促进了上市公司的股利发放行为，但所设定的最低分红水平并不足以区分公司业绩水平的优劣，所传递的关于公司业绩的信号不明晰。半强制分红政策本身所设定的最低分红水平如果对公司业绩的鉴别不够有效，那么政策效果将取决于监管当局对再融资公司的资格筛选。然而，在两个样本期中，再融资公司的资格筛选均不够有效。但从监管的结果来看，2006 年半强制分红政策对应的监管效果好于 2008 年的监管效果，实际再融资的公司业绩好于同期其他公司，从而更好地保护了投资者的利益。在两个样本期内，财务灵活性边际价值与公司未来业绩水平的相关关系均显著为正，提供了财务灵活性能够提高公司价值的实证证据，也说明财务灵活性能够更好地揭示公司业绩水平。

第五节　研究结论

本章主要在我国特有的政策背景下对财务灵活性如何影响公司财务政策进行研究，研究发现，财务灵活性是理解公司在半强制分红背景下股利行为的关键因素。在中国资本市场特殊的体制背景下，公司在股利决策中会根据自身财务灵活性价值的高低来决定是否迎合政策规定以获得再融资资格。这使得财务灵活性对我国公司股利政策的影响与以往文献中预测的不同，财务灵活性边际价值越高的公司，越倾向于采取股利迎合策略，即提高股利发放以达到再融资准入门槛，而非减少或是避免进行股利发放。这一实证证据表明我国上市公司高管将融资决策的重要性置于股利决策之上。

本章还提供了公司融资决策与股利行为的直接经验证据。以往关于股利发放动机的文献之中，也有关于二者关系的相关论述，如 Lintner（1956）的信号理论提出，公司管理层通过选择股利分配水平可以传递关于公司前景的内部信息，从而使得公司在外部融资时更为容易。而 Easterbrook（1984）的代理理论则认为股利的发放减少了公司的代理问题，因此公司更容易获得外部融资。但是这些理论并不能直接揭示公司融资决策是如何直接影响公司股利决策的。本章的研究在我国半强制分红的制度背景下对公司的融资意愿与公司的股利行为之间进行了实证检验，提供了直接的经验证据。

不仅如此，本章通过公司的股利迎合行为定义了公司的融资意愿。以往西方经典文献中关于公司融资决策的论述，往往将公司的融资决策与实际的融资行为等同起来。然而，在国内资本市场实施核准制的前提下，公司融资决策与实际表现出来的融资行为往往并不一致。因此，在我国特殊的制度背景下研究公司的融资决策，应该从公司的融资意愿着手而非实际的融资行为。尽管融资意愿无法直接观察，但在半强制分红政策的背景下，由于政策规定仅仅约束了具备融资意愿的公司，因此，我们得以通过是否达到政策规定的最低要求来发掘公司潜在的融资意愿。换句话说，本章通过公司是否采取股利迎合行为来判断公司潜在的融资意愿，却发现公司实际股权再融资概率并非取决于股利迎合行为，而是主要取决于公司剩余举债能力的大小。公司股利迎合策略与实际股权再融资行为之间不一致的表现可以反映出公司潜在再融资意愿与监管当局的筛选行为之间存在的差异。

本章还通过对半强制分红政策出台后公司的股利行为、短期业绩和长期业绩进行了全面的分析和对比，不仅对于半强制分红政策的效果和经济意义进行了全面的衡量，同时还对 2006 年和 2008 年的政策效果差异进行了对比和评价，提供了现实的政策建议。在进一步对公司股权再融资后业绩表现进行研究后发现，财务灵活性边际价值较半强制分红指标能够更好地传递公司未来业绩水平的信息，提高财务灵活性有助于提升公司价值。因此，公司经监管当局筛选后的实际再融资概率与财务灵活性边际价值之间不显著的相关性在一定程度上反映出资源配置的无效率。并且，当半强制分红指标仅包含现金股利时，高成长性的公司迎合半强制分红政策的难度加大，从而降低了这类公司实现股权再融资的可能性，这可能是 2009 年监管失灵的原因之一。因此，在半强制分红水平的计算中包含以股票股利的形式分配的股利数额，可以避免产生再融资的"监管悖论"，给予现金流短缺但高成长性的公司获得股权再融资的机会。而且，公司在根据财务灵活性进行自利选择的过程中，能够形成自发的市场效率，优化资源配置水平。

第五章 财务灵活性对公司财务政策的影响：基于金融危机的实证检验

第四章是以我国特有政策作为背景研究财务灵活性在外部融资环境改变时对公司财务决策的影响。在本章中，笔者将以全球金融危机这一更为全球化的事件为背景进一步探讨财务灵活性对公司财务政策的影响机制，研究融资约束程度不同的公司是如何根据财务灵活性原则来应对融资环境变动的。

在半强制分红政策下，公司通过使自身股利发放达到制度规定的最低分红水平，以获得股权再融资的准入资格。由于半强制分红政策对再融资准入资格的规定对于所有公司都是一致的，因此这一政策所带来的融资环境变动对所有公司的作用都是相同的。然而，全球金融危机事件带来的信贷紧缩环境，则会因公司所面临的融资约束程度不同而对公司财务政策的影响不尽相同。当公司面临的融资约束程度不同，又会如何根据财务灵活性原则进行决策来应对外部融资环境的变化是本章需要讨论的内容。Campello 等（2010）的研究证据表明，融资约束公司在金融危机前更倾向于动用剩余举债能力来提高公司的现金持有量。这意味着本章以金融危机事件为背景的研究提供了高管在资本结构政策和现金持有政策之间权衡决策的经验证据。

第一节 研究背景

全球金融危机自 2007 年起形成，至 2008 年大规模爆发演变为全球性的危机。以这一危机为背景，学者们进行研究后普遍发现，相比于非融资约束公司而言，融资约束公司在预期到公司的信贷能力会受到约束时，将提前动用自身剩余举债能力来提高现金持有量，以应对公司未来可能遭受的信贷危机。

Campello 等（2010）调查了美国、欧洲以及亚洲的 1050 家公司的 CFO，并采用 Abadie 和 Imbens（2002）以及 Dehejia 和 Wahba（2002）的配对因子，根据公司的规模、所有权形式、信用等级、利润率、股利支付水平、增长方式以及行业分类等因素对融资约束公司和非融资约束公司进行了配对，在其后进行的检验中发现，在 2007 年，平均而言，美国公司的样本中现金及有价证券的总量占总资产的 15%。到 2008 年秋末，非融资约束公司仍能够保持这一水平。但是，融资约束公司在这一期间接近 1/5 的流动资产蒸发，最终其流动资产仅占其资产价值的 12%。对于欧洲和亚洲的公司而言，融资约束公司同样呈现出流动资产蒸发的态势。不仅如此，在 2009 年，平均而言，美国的融资约束公司计划降低 11% 的雇员支出、22% 的科技支出、9% 的资本投资、33% 的营销支出以及 14% 的股利支付，而非融资约束公司相应的支出削减较小。研究者在欧洲和亚洲也发现了同样的规律，这也就说明了融资约束公司受到金融危机的冲击更大。

研究者还表明融资约束公司在进行贷款方面受到的限制更多，负债融资相比于非融资约束公司而言更为困难，因此更倾向于提高现金储备量来预防可能产生的信贷危机。在研究者划分的融资约束公司中，81% 的财务总监声称公司在资本市场的信用额度受到限制，这种限制不仅包括了数量约束，同时还包括价格约束。其中有 59% 的公司报怨其借款的高额成本价格约束，而 55% 的公司表明自身在初始贷款或是申请新贷款时遇到了困难。世界范围内约有一半的公司将负债筹得的资金用于日常经营或是短期的流动性需求。并且，美国有 13% 的融资约束公司表明它们现在使用自身的信用额度是为了持有现金以应对未来的需要，另有 17% 的融资约束公司现在使用自身的信用额度是为了防止银行在未来拒绝向它们贷款，而这么做的非融资约束公司却少于 6%。这一结果与 Ivashina 和 Scharfstein（2009）的结论是一致的。他们认为，2008 年观察到的大量银行贷款主要是源于"以防万一"的贷款。Campello 等（2010）认为这些结果支持公司建立现金储备是为了应对未来潜在的信贷供给危机的观点，与 Almeida 等（2004）提出的证据相符。研究者还发现，相比于非融资约束公司，在预料到未来公司可能遭遇银行的信贷紧缩时，融资约束公司更倾向于提前动用信用额度。

　　研究者还询问了公司是否会因为融资约束而放弃有吸引力的投资项目。结果表明，在金融危机期间，有86%的融资约束公司声称由于外部融资的困难，它们放弃了有吸引力的投资项目，而非融资约束公司中只有44%面临同样的状况。研究者同样检验了当公司无法借款时是如何进行融资的，有一半以上的美国公司声称它们依赖内部现金流来为投资项目融资，其中约有40%使用了公司的现金储备。值得一提的是，其中有56%的融资约束公司声明，当它们无法进行外部融资时，公司就取消了投资项目，而只有31%的非融资约束公司会取消投资项目。

　　Duchin 等（2010）对金融危机造成的公司投资水平变化进行了大样本研究。在他们实验设计中，将金融危机作为信贷供给的一种外部冲击，运用双重差分法（Difference‐in‐Differences）比较了金融危机前后投资水平随公司现金持有水平变化的情况。他们的研究结果表明，对于现金持有量低的公司而言，投资减少的幅度更大。以规模较小的新兴市场的金融危机作为背景，学者也得出了相似的结论。如 Arslan 等（2006）以新兴市场的金融危机作为研究背景，研究了公司现金持有量如何降低公司的投资—现金流敏感性。通过对比新兴市场公司在危机前与危机中的现金持有量，发现在新兴市场中，由于信息不对称程度高，外部融资成本也高，因此持有现金显得更为重要。

　　Denis 和 Sibilkov（2010）的研究结果同样论述了持有现金可以降低公司所面临的融资约束程度。他们的研究表明，对于融资约束公司而言，更高的现金持有量使它们的投资水平更高。并且相比于非融资约束公司而言，投资与公司价值之间的正相关关系在融资约束公司中更强。研究表明，对于融资约束公司而言，持有现金有助于减少公司所面临的融资约束程度，从而增加融资约束公司的价值。并且，Denis 和 Sibilkov（2010）还指出，对于那些现金流一直处于较低的水平并且还不断下降的融资约束公司而言，它们无法建立足够的现金储备，因而这些公司的投资支出将在很大程度上依赖当前的现金流。因此，现金持有量对于那些外部融资成本较高的公司更有价值，特别是拥有更多有价值的投资机会的公司。Almeida 等（2011）也认为，公司有动机调整财务政策来使融资摩擦带来的影响最小化，如持有更多现金，保留更多的举债能力。而且，在其他条件相同的情况下，内部资源（如现金）对于融资约束公司而言应该比非融资约束公司更有价值。

从以上研究结果可以看出，现金有助于减少公司所面临的融资约束程度，可以使公司更好地把握投资机会，因此，持有现金对融资约束公司更为重要。在金融危机中，融资约束公司为了防止潜在的信贷危机，相比于非融资约束公司而言，更有动机建立现金储备来预防信贷危机可能造成的损失。然而，Ang 和 Smendema（2011）在研究公司是否会调整它们的财务政策（主要是现金持有量政策）来为未来的衰退做准备时也发现，受到融资约束的公司可能在事前现金持有量很低，并且无法建立现金储备来应对衰退。只有那些融资约束程度较轻的公司，才能够建立现金持有量以应对未来的衰退。那么，融资约束公司在金融危机前是否会使用举债能力来提高现金持有量？还是会因为受到融资约束而无法建立现金储备？如果融资约束公司使用举债能力提高现金持有量，那么这一行为的内在决策机制是什么？

金融危机前，融资约束公司与非融资约束公司在财务灵活性水平上存在差异，而这一差异意味着二者财务灵活性边际价值的不同，并进而影响融资约束公司与非融资约束公司在应对金融危机时所进行的财务决策。其中，Faulkender 和 Wang（2006）、Pinkowitz 和 Williamson（2006）的研究表明，一美元现金的边际价值对于外部融资成本高的公司（融资约束公司）而言较高，意味着融资约束公司财务灵活性边际价值将高于非融资约束公司。这就使我们得以从财务灵活性的角度来考察金融危机通过公司的融资约束来影响财务政策的作用机制。那么，我们首先关心的问题是：公司财务政策的变化会如何影响到财务灵活性水平，并进而影响公司财务灵活性的边际价值。从本书的文献回顾中，我们已经知道，财务灵活性来源于公司的剩余举债能力和持有的现金。然而，在决定公司财务灵活性水平时，这二者的关系如何？要解答这个问题，我们应回顾学者们关于财务灵活性的来源以及其组成部分的探讨，初步认识二者对财务灵活性水平的影响。

关于财务灵活性的来源，一些学者认为，剩余举债能力是财务灵活性的主要来源。如 Kahl 等（2008）发现，商业票据为发展前景和融资需求不确定的公司提供了财务灵活性。他们认为，短期债如信贷额度和商业票据似乎是全世界所公认的财务灵活性的主要来源。Marchica 和 Mura（2010）则以拥有剩余举债能力作为定义公司是否财务灵活的标准。DeAngelo 和 DeAngelo（2007）、DeAngelo 等（2011）也指出公司最优策略是在大多数的时间内保持低杠杆政策，以保留举债能力，同时保持高股利政策，以便在未来有较高资金需求时得以借入资金。他们认为，由于代理成本和税收，公司并不储存现金，短期债务的发行是财务灵活性的一种重要来源。Denis和McKeon（2012）的研究将有意使其资本结构高于估计的长期目标资本结构而持续借入债务的公司分离出来。他们的研究表明，几乎没有找到样本公司增加现金储备或是提高股利支付（回购股票或是提高现金股利水平）的证据。因此，他们认为，财务灵活性来源于公司剩余举债能力，而非公司储备的现金持有量。以上学者普遍认为，剩余举债能力是财务灵活性的主要来源，剩余举债能力提供了大部分的财务灵活性。由于存在代理成本，以及考虑到公司的税收问题，当公司需要保留财务灵活性时，应该首选保留公司的剩余举债能力而非储备现金。

然而，Campello等（2010）以及Lins等（2009）都指出，财务总监们普遍认为公司现金持有量与资本结构的决策是不可分割的。因此，也有一些学者提出，除了剩余举债能力之外，公司的现金储备也为公司提供了财务灵活性。并且，在一定条件下，尤其是公司可能面临信贷危机时，现金储备与剩余举债能力之间可以相互补充和转化。如Almeida等（2004）提出，融资约束公司建立现金储备是为了缓冲潜在的借贷危机。Lins等（2010）对29个国家的财务总监（CFO）进行了问卷调查，结果发现信贷额度所代表的公司举债能力是全世界公司中主要的流动性来源。但是，他们的研究还表明，举债能力和现金持有量相互替代。其中，剩余举债能力用来预防未来可能导致公司错失可盈利投资项目的融资困难，而现金则用来预防未来可能产生的现金流紧缺风险。

从上面的文献中可以看出，学者们普遍认为，剩余举债能力是财务灵活性的主要来源。然而，在一定的条件下，剩余举债能力所带来的财务灵活性与现金储备带来的财务灵活性可以相互转化。值得注意的是，在信贷环境宽松时，公司在需要进行外部融资时，可以充分使用其剩余举债能力，此时公司保留剩余举债能力所形成的财务灵活性的价值将等同于理论上所预测的价值。然而，在信贷环境严格时，尤其是对于那些外部融资受约束的公司而言，公司通过保留剩余举债能力能够获得的财务灵活性也将受到限制。在这种情况下，公司将需要在资本结构和现金持有量政策之间进行权衡抉择，先对其中某项政策进行最优化决策，而后再根据决策结果决定另一项财务政策。

由于金融危机中融资约束公司与非融资约束公司因其财务灵活性水平

不同而在财务决策上存在差异，因此，在此研究背景下，我们不仅能够研究外部融资环境冲击下财务灵活性对公司财务决策的影响机制，还能够研究公司在资本结构政策与现金持有政策之间的权衡和取舍情况，提供二者在财务实践中权衡决策的经验证据。

第二节　理论分析与研究假设

回顾之前的文献，可以发现公司的财务灵活性来源于剩余举债能力和现金持有量。然而，公司在这二者之间如何权衡却仍不明确。在财务灵活性原则之下，当公司同时进行资本结构和现金持有量决策时，财务灵活性边际价值高的公司更倾向于降低杠杆，以及提高现金持有量。

当公司更看重现金持有量决策时，财务灵活性边际价值高的公司将倾向于持有更多的现金。而在提高现金持有量的过程中，公司财务灵活性边际价值将随之下降，使得公司更倾向于动用剩余举债能力，即提高杠杆。但如果公司优先进行的是剩余举债能力的决策，那么财务灵活性边际价值高的公司将倾向于保留更多的剩余举债能力，即降低杠杆。降低杠杆使得公司财务灵活性边际价值下降，从而公司更倾向于保持较低的现金持有量。

与非融资约束公司相比，融资约束公司受到的信息不对称程度更大。从财务灵活性的角度出发，融资约束公司的财务灵活性边际价值更大（Faulk-ender 和 Wang，2006；Pinkowitz 和 Williamson，2006）。因此，我们要验证融资约束公司的财务灵活性价值是否更高，由此提出假设 H1a 和 H1b：

H1a：融资约束公司财务灵活性边际价值显著高于非融资约束公司。

H1b：融资约束公司财务灵活性边际价值显著低于非融资约束公司。

H1a 得证是后续研究的前提，假设融资约束公司财务灵活性边际价值高于非融资约束公司，那么，公司优先决定现金持有量还是资本结构决定了公司财务政策的调整顺序。从理论上说，当公司优先决定现金持有量时，在融资约束公司财务灵活性边际价值较高的情况下，公司倾向于持有更多的现金。而当公司提高自身现金持有量时，财务灵活性边际价值随之下降，从而使其倾向于使用举债能力。如果我们观察到融资约束公司相比于非融资约束公司而言持有更多的现金，并且更倾向于提高杠杆，那么可以视作公司对现金持有量的优先等级高于资本结构政策的证据，从而初步验证公司将现金持有量政策优先于资本结构政策。我们根据财务灵活性对公司资本结构政策和现金持有量政策的影响，提出以下研究假设：

H2a：财务灵活性边际价值与公司的现金持有量显著正相关，融资约束公司的现金持有量显著高于非融资约束公司。

H2b：财务灵活性边际价值与公司的现金持有量显著正相关，融资约束公司的现金持有量显著低于非融资约束公司。

H3a：财务灵活性边际价值与公司提高杠杆的概率显著负相关，融资约束公司提高杠杆的概率显著高于非融资约束公司。

H3b：财务灵活性边际价值与公司提高杠杆的概率显著负相关，融资约束公司提高杠杆的概率显著低于非融资约束公司。

也就是说，如果 H2a 和 H3a 同时得到验证，可以认为公司将现金持有政策的重要性放在了资本结构决策之上；反之，如果是 H2b 和 H3b 同时得到验证，那么公司首先进行的是资本结构决策。

然而，仅仅依靠融资约束公司与非融资约束公司在资本结构与现金持有方面的变化就判断公司在资本结构政策与现金持有政策之间的权衡关系，还略显武断，因此需要提供进一步的证据支持。

在金融危机这一外部环境的冲击下，信贷资源变得短缺，公司财务灵活性的价值有所提升。根据已有研究，信贷环境紧缩对融资约束公司产生的影响更大，因此我们采用融资约束公司作为样本进一步细化研究样本期内公司在资本结构政策与现金持有量政策之间的权衡决策。在两年的样本期窗口中，样本期的第一年时，公司财务灵活性边际价值较高，公司将选择提高现金持有量或降低杠杆水平。而后公司财务灵活性边际价值将随着现金持有量的提高或是杠杆水平的下降而有所下降，从而公司将会提升杠杆水平或是降低现金持有量。

根据这一分析，随着公司财务灵活性边际价值的变化，融资约束公司资本结构政策与现金持有政策也随时间相应发生变化。但公司对资本结构政策和现金持有量之间优先顺序的不同，决定了公司财务决策的顺序，以及公司资本结构和现金量变化的时序特征。如果公司首先进行现金持有量的决策，在样本期的第一年，融资约束公司财务灵活性边际价值高，倾向于持有较多的现金，而随着其财务灵活性边际价值在样本期第二年有所下降，也就使其在样本期第二年的现金持有量低于第一年。在这种情况下，得出如下假设：

H4a：融资约束公司在样本期第二年的现金持有量显著低于样本期第一年。

而如果公司优先进行资本结构决策，那么融资约束公司第一年将选择降低杠杆水平，随着样本期第二年财务灵活性边际价值的降低，融资约束公司将倾向于减少现金持有量。在这种情况下，得出假设如下：

H4b：融资约束公司在样本期第二年的现金持有量显著高于样本期第一年。

通过分时期对融资约束公司的资本结构政策和现金持有政策进行分时期检验，可以提供更为有力的证据。如果假设 H4a 得到验证，就可以进一步支持公司在资本结构决策前优先进行现金持有量的决策。而如果假设 H4b 得到验证，则将支持公司优先进行资本结构决策的观点。

第三节　实证研究设计

一、数据来源和样本选取

本章以所有 A 股上市公司为样本，剔除 ST 或 PT 的公司、金融类企业、数据不完整以及数据异常的观测值[1]，考察了金融危机发生前后（2006 ~ 2009 年）融资约束对公司财务决策的影响。其中，公司财务数据全部来源于 RESSET 数据库（www. resset. cn），公司最终控制人的数据来源于 WIND 数据库。

二、变量的定义和计算

（一）融资约束

对于融资约束的定义，广泛采用的度量指标是 Fazzari 等（1988）提出

---

[1] 数据异常的观测值包括 g 大于 20 或小于 –20 的值，以及股利支付率高于 20 或小于 0 的值。

的投资—现金流敏感性以及 Kaplan 和 Zingales（1995）提出的 KZ 指数。

Fazzari 等（1988）假设如果外部融资比内部融资成本更高，那么投资—现金流敏感性应该随着融资约束程度的上升而增加。也就是说，对于外部融资成本较高的公司，投资更容易受到现阶段现金流大小的影响。他们采用投资—现金流敏感性来定义公司受到的融资约束程度。

但是有一些研究与此经验证据不符，也对这一定义提出了质疑。Kaplan 和 Zingales（1995）认为，对于融资约束最为准确同时也是应用最为广泛的定义是，将那些在内部融资成本与外部融资成本之间存在差异的公司定义为融资约束公司。当公司内外部融资成本之间的差距增大时，公司受到的融资约束程度随之变大。而对融资非约束或融资约束程度较小的公司的定义则是指那些拥有大量流动资产和净现值的公司。当公司只有在现金流充足时才增加投资时，那么这些公司的投资—现金流敏感度将较高，而这些公司在未来受到融资约束的可能性较小；如果公司没有现金流时还增加投资，那么这些公司的投资—现金流敏感度将较低，而这些公司在未来受到融资约束的可能性较大。因此，他们发现根据财务报表分析所定义的融资约束程度较小的公司实际上表现出了更高的投资—现金流敏感性。因此，投资—现金流敏感性并不能有效地表示公司所代表的融资约束程度，从而相应计算了 KZ 指数来代表公司所受到的融资约束程度。

Erickson 和 Whited（2000）以及 Alti（2003）指出，现阶段现金流所包含的信息中有可能包含未来成长机会的价值。因此，如果观察到的成长机会的度量指标（如托宾 Q 值）是真实的边际 Q 的有噪声的度量指标，更高的投资—现金流敏感性可能仅仅是简单地反映出了公司对投资机会变动所做出的理性抉择。为回应这些批评，Almeida 等（2004）采用了另一种方式来研究外部融资约束是否影响了公司的流动性管理政策这个问题。他们假定如果外部融资是有成本的，那么公司应该能系统地计算出应该从公司的现金流中留下多少现金。并且，这个比例应该随着外部融资成本/内部融资成本的增加而增加。因此，他们估计了现金持有量对现金流的敏感性，而不是之前所计算的投资—现金流敏感性。与他们的假设相符，Almeida 等发现融资约束公司（也就是外部融资成本更高的公司）的现金—现金流敏感性为正，而对于非融资约束公司，却是不显著的。

然而，这些指标所依靠的内在逻辑是，当公司融资受约束时，公司内部现金流将会限制未来投资。公司融资受限的程度越高，投资对内部现金流的敏感性就越高。然而在金融危机的背景下，投资项目势必受到一定的影响，如果采用以往对融资约束的度量方法，恐怕有失偏颇。

Lemmon 和 Zender（2010）认为，举债能力上限可以看作是公司融资约束的一种形式。目前文献中关于剩余举债能力的计算主要采用两种方法。第一种方法是 Marchica 和 Mura（2010）的定义。首先，他们运用 Frank 和 Goyal（2009）的模型估计出的目标资本结构与公司的实际资本结构相比较。当公司的实际资本结构低于目标资本结构时，就认为公司拥有剩余举债能力。此时剩余举债能力被看作公司实际杠杆与目标资本结构之间的差异。当缺口值小于 0 时，视为公司剩余举债能力为 0。参考 Marchica 和 Mura（2010）的方法，我们首先以 2000～2010 年的所有财务数据对以下模型进行回归：

$$L_{i,t} = \alpha_0 + \alpha_1 L_{i,t-1} + \alpha_2 \text{IndLev\_m}_{i,t} + \alpha_3 MB_{i,t} + \alpha_4 Size_{i,t} + \alpha_5 \frac{FA_{i,t}}{TA_{i,t}} + \alpha_6$$

$$\frac{EBIT_{i,t}}{TA_{i,t}} + \upsilon_{i,t}$$

其次，我们用公司实际资本结构减去估计的杠杆值，若该值大于 0，则该值即为公司剩余举债能力；若该值小于 0，则该公司剩余举债能力为 0。

第二种方法是国内学者赵蒲和孙爱英（2004）的方法。他们运用一种更为简便和直观的方法对剩余举债能力进行了定义，即公司剩余举债能力 = Max（0，同行业平均负债水平 - 公司现有负债水平），其中负债水平以账面值为基础进行计算。本章采用第一种方法来计算公司的剩余举债能力。

考虑到我们所要研究的公司提高杠杆的概率呈现出行业间的差异性，因此，本章将根据公司资本结构与行业杠杆平均值之间的对比来定义融资约束公司和非融资约束公司。当公司在样本期前三年的杠杆值均低于行业均值时，就将其定义为融资约束公司，而其他公司均为非融资约束公司。

这一划分可以更好地区分出那些杠杆水平较低的公司，将其定义为我们所说的融资约束公司。并且，这一定义涵盖了对剩余举债能力的第二种计算方法，以保证融资约束公司仍存有剩余举债能力，具有提高杠杆的可能性。当然还可能存在另外一种情况，那就是公司刻意保持低杠杆的资本结构政策，以保留举债能力。但我们认为，刻意保留举债能力正是由于外部融资存在困难。也正是因为如此，才迫使公司不得不找到有利可图的方式来更好地使用有限的举债能力。

（二）控制变量

我们在控制变量中加入是否为国有企业的虚拟变量以控制国有企业的预算软约束对公司融资约束的影响（田利辉，2005）。同时，正如传统的融资约束文献所言，公司融资约束是相对于投资机会而言，因此我们在控制变量中加入市值账面比，即市值与资产账面值的比值，来控制公司未来的投资机会。并且加入成长性，来控制公司在不同的成长阶段对资金的不同需求。

其他控制变量还包括公司盈利能力（公司净利润/所有者权益）、公司股权集中度（公司前十大股东所拥有股份占公司总股份的比例）和公司规模（总资产的对数）。

本章中所使用的变量定义归纳如表5-1所示。

表5-1　变量的定义与计算

	变量名称	变量标识	变量定义
因变量	现金持有量	CASH	公司现金持有量/总资产
	资本结构	LEV	公司总负债/总资产
	资本结构变动	LevIn	当公司相比于前一年的杠杆有所提高时，LevIn =1；否则，LevIn =0
主要自变量	财务灵活性	MVOC	参见第三章第三节财务灵活性边际价值的计算方法
	融资约束	FC	公司在样本期前三年的杠杆值均低于行业平均杠杆水平时，FC =1；否则，FC =0
控制变量	剩余举债能力	SDC	根据 Marchica 和 Mura（2010）的公式计算的公司当年的剩余举债能力
	年份虚拟变量	YEARD	当公司处于样本期第一年时，YEARD =1；否则，YEARD =0
	投资机会	MB	公司市值/总资产的账面值
	成长性	g	公司年销售收入增长率
	盈利能力	ROE	公司当年净利润/总权益
	产权性质	SOE	当公司最终控制人为国有时，SOE =1；其他样本时，SOE =0
	股权集中度	OWNCON10	公司前十大股东所持股份总数/公司总股数
	公司规模	SIZE	公司总资产的自然对数

三、实证模型

根据之前的分析，我们首先需要验证财务灵活性的价值与公司融资约束程度变化的关系，即融资约束公司财务灵活性边际价值是否高于非融资约束公司，建立以下模型以验证假设 H1：

$$MVOC = \alpha + \beta_1 FC + \beta_2 YEARD + \beta_3 g + \beta_4 ROE + \beta_5 SOE +$$
$$\beta_6 MB + \beta_7 OWNCON10 + \beta_8 SIZE + \varepsilon \qquad (5-1)$$

由于研究的是公司现金持有量如何受融资约束的影响，以及财务灵活性对公司现金持有政策的影响作用，因此我们以公司现金持有量作为因变量，融资约束虚拟变量与财务灵活性边际价值作为自变量，建立以下模型进行回归以验证假设 H2：

$$CASH = \alpha + \beta_1 FC + \beta_2 MVOC + \beta_3 SDC + \beta_4 g + \beta_5 ROE + \beta_6 SOE +$$
$$\beta_7 MB + \beta_8 OWNCON10 + \beta_9 SIZE + \varepsilon \qquad (5-2)$$

接着我们研究公司资本结构决策是如何受公司融资约束的程度所影响，以及财务灵活性对资本结构决策的影响，进而以公司提高杠杆的虚拟变量作为因变量，除了融资约束的虚拟变量和财务灵活性边际价值之外，还加入融资约束与财务灵活性的交乘项以考察融资约束是否影响了公司资本结构对其财务灵活性边际价值的敏感程度，建立模型如下：

$$Logit(LevIn) = \alpha + \beta_1 FC + \beta_2 MVOC + \beta_3(FC \times MVOC) + \beta_4 g + \beta_5 ROE +$$
$$\beta_6 SOE + \beta_7 MB + \beta_8 OWNCON10 + \beta_9 SIZE + \varepsilon \qquad (5-3)$$

在进行以上两个回归之后，我们可以获得初步的证据，以判断公司在资本结构政策和现金持有政策之间的权衡关系。但是为了更为清晰地描绘财务灵活性边际价值在样本期内的变化过程，以及公司资本结构与现金持有政策随之变动的方式，我们将表示样本期第一年的虚拟变量加入方程之中，设计了以下回归：

$$CASH = \alpha + \beta_1 MVOC + \beta_2 YEARD + \beta_3 SDC + \beta_4 g + \beta_5 ROE + \beta_6 SOE +$$
$$\beta_7 MB + \beta_8 OWNCON10 + \beta_9 SIZE + \varepsilon \qquad (5-4)$$

$$LEV = \alpha + \beta_1 MVOC + \beta_2 YEARD + \beta_3 SDC + \beta_4 g + \beta_5 ROE + \beta_6 SOE + \beta_7 MB +$$
$$\beta_8 OWNCON10 + \beta_9 SIZE + \varepsilon \qquad (5-5)$$

四、描述性统计

表 5 - 2　主要变量描述性统计结果

变量	样本期	融资约束公司					非融资约束公司				
		均值	中位数	标准差	最大值	最小值	均值	中位数	标准差	最大值	最小值
MVOC	2006~2007 年	3.511	3.716	1.018	4.951	-1.101	2.177	2.329	1.426	4.889	-2.590
	2008~2009 年	3.436	3.668	1.060	4.977	-0.933	1.911	2.048	1.531	4.932	-2.462
CASH	2006~2007 年	0.183	0.151	0.130	0.734	0.001	0.131	0.113	0.088	0.648	0.002
	2008~2009 年	0.202	0.167	0.145	0.865	0.001	0.154	0.133	0.099	0.665	0.001
LEV	2006~2007 年	0.356	0.366	0.135	0.773	0.021	0.595	0.599	0.134	0.999	0.076
	2008~2009 年	0.339	0.340	0.138	0.758	0.018	0.578	0.591	0.148	0.974	0.074
MB	2006~2007 年	2.859	2.283	2.081	20.912	0.799	2.284	1.866	1.431	14.069	0.805
	2008~2009 年	2.530	2.044	1.660	14.462	0.660	1.989	1.614	2.142	76.946	0.662
g	2006~2007 年	0.256	0.151	0.779	16.052	-0.717	0.373	0.197	0.996	15.696	-0.920
	2008~2009 年	0.146	0.088	0.531	8.472	-0.978	0.219	0.089	0.961	15.820	-0.986

　　根据描述性统计结果可以看出，融资约束公司的财务灵活性边际价值确实高于非融资约束公司。除此之外，相对于非融资约束公司而言，融资约束公司的现金持有量较高，这也说明融资约束公司倾向于持有现金以保留财务灵活性。

　　我们初步对样本期间财务灵活性边际价值在融资约束公司和非融资约束公司样本中的均值随时间变化的特征进行了描绘，结果如图 5 - 1 所示。

　　从图 5 - 1 中可以看出，融资约束公司的财务灵活性边际价值始终高于非融资约束公司的财务灵活性边际价值。二者财务灵活性边际价值随时间变动的趋势相仿，开始时形成略微的上升趋势[1]，之后在 2006~2007 年有

---

① 根据理论预测，公司在 2006 年采取高现金持有量之后，财务灵活性边际价值应该有所下降，但是财务灵活性边际价值来源于多步估计和计算，在估计过程中可能会存在一些细微误差，从而导致在 2005~2006 年财务灵活性边际价值的略微上升。相比于其他时间点较为明显的变动趋势，这一微小上升很有可能是由于计算偏误造成的。

一个明显的上升，形成高点，而后逐渐下降，形成低点，之后又上升。由于财务灵活性边际价值的计算依赖于公司财务数据，而公司财务数据采用年报时点计量，使得这一变动趋势图无法精准地描绘财务灵活性边际价值随时间的变动情况。但财务灵活性边际价值还是明显地呈现出先升后降再上升的趋势，体现出了财务灵活性边际价值随公司财务政策变动的轨迹。下面，我们将通过进一步的实证检验提供更有说服力的证据和结论。

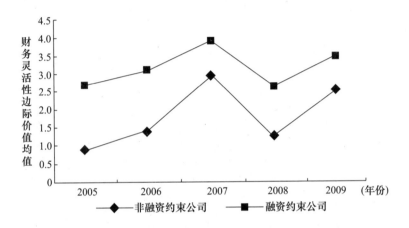

图 5 - 1　金融危机前后公司财务灵活性边际价值的变动情况

资料来源：笔者测算整理。

第四节　实证结果与分析

一、融资约束与财务灵活性

我们以财务灵活性边际价值作为因变量，在回归方程中加入代表年份的虚拟变量，以刻画财务灵活性边际价值随时间变化的轨迹。研究结果如表 5 - 3 所示。

表 5 - 3　金融危机前后财务灵活性边际价值的变动情况

因变量	MVOC	
样本期	2006 ~ 2007 年	2008 ~ 2009 年
Intercept	7. 9137 ***	10. 3798 ***
	(19. 03)	(26. 33)
FC	1. 0008 ***	1. 0277 ***
	(25. 17)	(25. 84)
YEARD	- 0. 8098 ***	- 0. 6730 ***
	(- 18. 50)	(- 16. 04)
g	- 0. 1050 ***	- 0. 0934 ***
	(- 5. 13)	(- 4. 22)
ROE	0. 0584 ***	0. 7901 ***
	(3. 68)	(7. 28)
MB	0. 3419 ***	0. 4245 ***
	(26. 00)	(24. 74)
OWNCON10	1. 1084 ***	0. 9422 ***
	(8. 10)	(7. 74)
SIZE	- 0. 3077 ***	- 0. 4329 ***
	(- 16. 18)	(- 24. 64)
样本数	2176	2548
调整 R 平方	63. 25%	64. 81%
F 值	535. 76 ***	671. 15 ***

注：表中括号内为 t 统计值，*** 表明在 1% 的显著性水平上显著。

　　根据表 5 - 3 代表融资约束程度的虚拟变量 FC 系数显著为正，表明融资约束公司的财务灵活性边际价值显著高于非融资约束公司，这也就印证了我们之前的假设 H1a。

　　根据财务灵活性的原则，在样本期第一年，融资约束公司的财务灵活性边际价值较高，在公司优先进行现金持有量决策的情况下，公司倾向于持有更多的现金，而后公司财务灵活性边际价值将随之下降，此时公司将倾向于提高杠杆，使得财务灵活性边际价值有所上升。代表年份的虚拟变量的系数显著为负，即样本期第一年的公司财务灵活性边际价值显著低于样本期第二年。这与图 5-1 中所描绘的财务灵活性边际价值随着年份变动的趋势是一致的。接着，在已知融资约束公司财务灵活性边际价值显著较高的基础上，我们进一步研究公司不同的融资约束下现金持有量与杠杆的变化情况。

二、融资约束、财务灵活性与现金持有量

通过检验融资约束在金融危机前后对公司现金持有量的影响，得出的结果如表 5-4 所示。

表 5-4　金融危机前后现金持有政策的变化情况

因变量	CASH	
样本期	2006 ~ 2007 年	2008 ~ 2009 年
Intercept	0.1536 *** (2.96)	0.2064 *** (4.03)
FC	0.0378 *** (7.08)	0.0255 *** (4.68)
MVOC	0.0071 *** (2.72)	0.0091 *** (3.64)
SDC	0.0827 * (1.74)	0.0616 (1.22)
g	0.0014 (0.53)	0.0030 (0.93)
ROE	0.0492 *** (3.89)	0.1136 *** (5.59)
SOE	0.0000 (0.00)	0.0022 (0.42)
MB	0.0064 *** (3.47)	0.0102 *** (4.31)
OWNCON10	- 0.0022 (- 0.13)	0.0343 ** (2.25)

续表

因变量	CASH	
样本期	2006～2007 年	2008～2009 年
SIZE	-0.0026 (-1.09)	-0.0055*** (-2.33)
样本数	2115	2481
调整 R 平方	9.49%	11.25%
F 值	25.64***	35.95***

注：表中括号内为 t 统计值，*** 表明在 1% 的显著性水平上显著，** 表明在 5% 的显著性水平上显著，* 表明在 10% 的显著性水平上显著。

从表 5-4 可以看出，不管是金融危机前还是金融危机期间，融资约束公司始终保持着较高的现金持有量。财务灵活性边际价值与公司现金持有量呈现显著的正相关关系，表明财务灵活性边际价值越高的公司，越倾向于持有较多的现金，支持假设 H2a。

除此以外，公司现金持有量与公司盈利能力呈现显著的正相关关系，这意味着盈利能力强的公司将更容易积累现金。同时，公司的现金持有量还与未来投资机会呈现显著的正相关关系，这意味着拥有更多投资机会的公司倾向于持有更多的现金，使公司能够及时把握未来可能的投资机会。公司的现金持有量与公司规模呈现显著的负相关关系，这意味着规模较大的公司受到的融资约束较少，从而使公司不需要建立大量现金储备以预防未来不可预料的风险。

然而，在财务灵活性的原则之下，公司现金政策与资本结构政策之间的决策顺序还需要通过检验融资约束与公司资本结构决策之间的关系后才能判断。因此，我们接下来要分析融资约束对公司资本结构决策的影响。

三、融资约束、财务灵活性与资本结构

当公司实际资本结构大于估计值时，公司剩余举债能力为 0。此时即使公司提高资本结构，也无法在剩余举债能力这一变量中得到体现。因此，我们不以公司剩余举债能力的变动来进行衡量，而以公司相较前一年而言提高杠杆的概率作为因变量进行回归，结果如表 5-5 所示。

表 5 – 5　融资约束、杠杆提高与财务灵活性的实证回归结果

因变量	Logit（LevIn）	
样本期	2006～2007 年	2008～2009 年
Intercept	– 1.1984	– 2.1798 ***
	（1.20）	（4.78）
FC	1.1307 ***	1.4109 ***
	（11.25）	（20.83）
MVOC	– 0.5572 ***	– 0.4955 ***
	（99.59）	（103.09）
FC × MVOC	0.0059	– 0.1974 **
	（0.00）	（5.02）
g	0.0749	0.1186 *
	（1.67）	（3.11）
ROE	– 2.4401 ***	– 4.4974 ***
	（23.28）	（76.00）
SOE	– 0.0592	0.0059
	（0.32）	（0.00）
MB	0.1568 ***	0.3664 ***
	（15.49）	（55.14）
OWNCON10	1.3504 ***	0.9698 ***
	（15.69）	（11.07）
SIZE	0.0686	0.1077 **
	（1.80）	（5.57）
样本数	2115	2481
最大似然比	236.7835	298.3575
Pr > ChiSq	<0.0001	<0.0001

注：表中括号内为 Wald 卡方系数，*** 表明在 1% 的显著性水平上显著，** 表明在 5% 的显著性水平上显著，* 表明在 10% 的显著性水平上显著。

　　从表 5 – 5 可以看出，在金融危机前后，代表融资约束的变量 FC 系数显著为正，表明融资约束公司提高杠杆的概率均显著高于非融资约束公司，支持假设 H3a。财务灵活性边际价值与公司提高杠杆的概率呈现显著的负相关关系，也就是说，财务灵活性边际价值越高的公司，越不倾向于提高杠

杆，越不倾向于使用举债能力。Campello 等（2011）以及 Aslan（2006）均指出，在金融危机爆发前，融资约束公司有着更强烈的动机使用剩余举债能力，并建立现金储备，以预防可能随之而来的信贷紧缩环境。然而，本研究结果却发现，不管是在金融危机期间还是在金融危机后，融资约束公司仍然更倾向于使用自身举债能力，并保持较非融资约束公司更高的现金持有量。这就说明，融资约束公司通过使用举债能力建立现金储备，并不完全是融资约束公司为了预防信贷危机而采取的防范措施，而是在财务灵活性原则下进行财务政策决策的结果。

除此之外，研究结果还表明在金融危机前后，公司提高杠杆的概率均与盈利水平呈现显著的负相关关系，表明内源融资是公司应对金融危机的一个重要融资来源。并且，公司市值账面比值（MB）高，即未来投资机会多的公司也更倾向于提高杠杆，这主要是因为在金融危机前后，为了预防可能产生的信贷紧缩，投资机会多的公司更倾向于通过提高杠杆来建立现金储备，以免错失投资机会。而股权集中度高的公司更倾向于提高杠杆，说明了股东与债权人之间的代理问题。由于债权人获得的是固定收益，因此股东更倾向于投资高风险的项目来享受可能产生的高收益，却只对项目失败承担有限的责任，这就使得股权集中度高的公司更倾向于提高杠杆。

根据之前的文献回顾可知，从财务灵活性的角度来说，由于融资约束公司面临着更大程度的信息不对称问题，因此财务灵活性边际价值应该高于非融资约束公司。如果同时对现金持有量和公司杠杆进行决策，那么财务灵活性边际价值高的公司应该更倾向于降低杠杆，以及增加现金持有量。但如果公司在这两项决策之间进行权衡，而非同时决策，那么情况就会变得更为复杂。由于融资约束公司的财务灵活性边际价值高于非融资约束公司，因此融资约束公司将倾向于持有更多的现金储备，这将使得融资约束公司的财务灵活性边际价值下降，从而使其更倾向于提高杠杆。又因为融资约束公司提高杠杆的概率对财务灵活性边际价值更为敏感，所以融资约束公司财务灵活性边际价值的减少所对应的提高杠杆概率的增加将高于非融资约束公司。

上述研究结果表明，公司优先进行的是现金持有量的决策，而后才进行剩余举债能力的决策。那么在这两年期间，公司根据财务灵活性原则进行的财务决策是否与我们预期的相一致？财务灵活性边际价值在样本期内的变化情况，以及其对公司财务决策的影响轨迹，需要进行分期才能进一步验证。因此，为了进一步验证在两年的样本期分期公司政策随财务灵活性边际价值变动的轨迹，我们以融资约束公司为例，对财务灵活性在样本期内的变动情况，以及公司财务政策在样本期内的变动情况进行检验，来探讨公司财务特征随财务灵活性边际价值变动的这一过程，从而刻画公司财务政策根据财务灵活性原则决策的变动轨迹。

四、融资约束公司资本结构政策与现金持有政策的变动特征

从金融危机这一外部冲击的影响来看，融资约束公司可能受到的影响更大。因此，我们选择了融资约束公司作为分期研究公司财务决策权衡的样本。根据上述分析，融资约束公司的财务灵活性边际价值显著高于非融资约束公司，在现金持有决策优先和资本结构决策优先的不同假设下，财务灵活性边际价值的影响轨迹有所不同。从图 5 - 2 中可以看出，在现金持有量决策优先还是资本结构决策优先的不同情况下，融资约束公司在财务灵活性原则下的决策结果有所不同。在现金持有量优先的情况下，融资约束公司最终财务政策的结果呈现为高杠杆和高现金持有量。而在资本结构决策优先的情况下，融资约束公司最终财务政策的结果呈现为低杠杆与高现金持有量。因此，我们通过对融资约束公司财务特征的检验，就可以提供公司在现金持有量和资本结构之间权衡决策方面的经验证据。

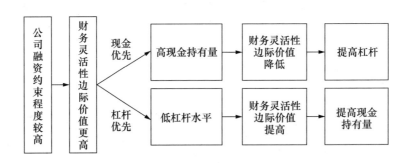

图 5 - 2　融资约束公司财务决策的影响机制

我们首先以现金持有量水平作为因变量，对融资约束公司的样本进行回归，结果如表 5 - 6 所示。

表5-6　融资约束公司在金融危机前后现金持有量的变动情况

因变量	CASH	
样本期	2006~2007年	2008~2009年
Intercept	0.3941***	0.3701***
	(3.71)	(3.22)
MVOC	0.0305***	0.0280***
	(5.00)	(4.30)
YEARD	0.0252**	0.0052
	(2.53)	(0.48)
SDC	0.0558	-0.0870
	(0.56)	(-0.82)
g	-0.0059	0.0118
	(-1.07)	(1.36)
ROE	0.2297***	0.2260***
	(3.88)	(3.70)
SOE	-0.0055	-0.0088
	(-0.58)	(-0.89)
MB	0.0039	0.0046
	(1.38)	(1.17)
OWNCON10	-0.0086	0.0709**
	(-0.28)	(2.34)
SIZE	-0.0164***	-0.0151***
	(-3.42)	(-3.00)
样本数	870	965
调整R平方	12.63%	13.74%
模型F值	14.96***	18.06***

注：表中括号内为t统计值，***表明在1%的显著性水平上显著，**表明在5%的显著性水平上显著。

从表5-6可以看出，财务灵活性边际价值与公司现金持有量呈现显著的正相关关系。2006~2007年的样本期内相应代表年份的虚拟变量系数显著为正，说明样本期第一年公司持有更多的现金，支持假设H4a。正如之前所分析的，这主要是由于融资约束公司的财务灵活性边际价值较高，使其更倾向于持有更多的现金。而随着公司现金持有量的增加，财务灵活性边际价值下降，公司根据财务灵活性原则所决定的现金持有量也将下降，从而在样本期内呈现出显著的下降趋势。而在金融危机中（2008～2009 年），由于信贷环境的变化对融资约束公司造成的冲击会更大，因此为了避免未来信贷困难而导致投资不足，融资约束公司将会保持较为稳定的现金持有量水平。

接着，我们以公司资本结构作为因变量，探讨资本结构在样本期内的变动情况，结果如表 5-7 所示。

表 5-7　融资约束公司在金融危机前后的杠杆变动情况

因变量	LEV	
样本期	2006～2007 年	2008～2009 年
Intercept	0.8064 ***	0.9128 ***
	(10.81)	(13.65)
MVOC	-0.1122 ***	-0.1125 ***
	(-26.17)	(-29.73)
YEARD	-0.0985 ***	-0.0920 ***
	(-14.13)	(-14.67)
SDC	-0.6837 ***	-0.7337 ***
	(-9.75)	(-11.89)
g	0.0029	0.0047
	(0.75)	(0.93)
ROE	0.0958 **	0.1302 ***
	(2.30)	(3.67)
SOE	-0.0121 *	-0.0107 *
	(-1.80)	(-1.87)
MB	0.0056 ***	0.0003
	(2.79)	(0.12)
OWNCON10	0.0499 **	0.0093
	(2.33)	(0.53)
SIZE	-0.0012	0.0057 **
	(-0.35)	(-1.94)

续表

因变量	LEV	
样本期	2006~2007 年	2008~2009 年
样本数	870	965
调整 R 平方	61.96%	69.26%
模型 F 值	158.28 ***	242.32 ***

注：表中括号内为 t 统计值，*** 表明在 1% 的显著性水平上显著，** 表明在 5% 的显著性水平上显著，* 表明在 10% 的显著性水平上显著。

由表 5-7 可以看出，财务灵活性边际价值与公司杠杆呈现显著的负相关关系，代表年份的虚拟变量系数显著为负，说明样本期第一年的公司杠杆显著低于样本期第二年的公司杠杆。这是因为融资约束公司在样本期第一年时财务灵活性边际价值较高，使得公司倾向于保持较高的现金持有量，随着公司现金持有量增多，财务灵活性边际价值随之下降，公司的杠杆水平逐步上升，从而融资约束公司在样本期内的资本结构呈现出上升的趋势。

综合以上结果，我们发现，在样本期的第一年，融资约束公司的财务灵活性边际价值较高，使其更倾向于持有现金，而随着现金持有量的上升，公司财务灵活性边际价值逐渐下降，从而使公司倾向于减少现金持有量，提高公司杠杆水平，这也就是公司在样本期第二年现金持有量逐渐下降，而相应的杠杆水平却有所升高的原因。而通过这样的调整，公司的财务灵活性边际价值呈现出如图 5-1 的变化轨迹，表明公司财务决策是在财务灵活性原则下追求公司价值最大化的结果。

第五节　研究结论

本章引入金融危机这一外部环境冲击，根据财务灵活性的决策原则分析了公司为应对危机采取的资本结构政策和现金持有量政策，判断公司在资本结构和现金持有政策之间的权衡决策，为公司如何根据财务灵活性原则进行财务决策的文献提供了补充。

以往文献表明，财务灵活性来源于公司的剩余举债能力和现金持有量，财务灵活性水平由这两项财务政策共同决定。因此，公司应该同时保留剩余举债能力和持有现金。然而，当外部融资环境发生变动时，公司可能不得不在剩余举债能力和现金之间进行权衡。外部融资环境冲击如何通过财务灵活性对公司财务政策进行传导是本章关注的重点问题。在金融危机中，由于未来可用的剩余举债能力存在不确定性，公司不得不提前使用剩余举债能力，并建立现金储备，以抵御可能出现的信贷紧缩。此时，公司现金储备成为财务灵活性的主要来源。

通过公司在资本结构政策和现金持有量政策之间的权衡，公司财务灵活性也有所变化，而这一变化又会影响公司的后续决策。Campello 等（2010）的调查研究表明，公司在预期到信贷紧缩危机时倾向于动用公司的剩余举债能力来提高公司的现金持有量，但对于公司这一行为的决策机制并未进行探讨，本章的研究结果描绘出了外部融资环境通过财务灵活性向公司财务政策进行传导的细化路径。

在金融危机前，融资约束公司始终保持着较高的现金持有量，并倾向于提高杠杆，这主要是由于最初融资约束公司的财务灵活性边际价值较高，因此选择了更高的现金持有量水平。随着现金持有量水平有所上升，公司财务灵活性边际价值有所下降，使得公司此时更倾向于提高杠杆水平，这也是财务灵活性水平影响公司财务政策的内在逻辑。这一研究结果也为公司财务决策的权衡行为提供了经验证据，说明在财务灵活性原则下，公司优先进行现金持有量决策。本章的研究结果同时还表明，不管处于金融危机前还是金融危机后，相对于非融资约束公司而言，融资约束公司采取提高杠杆水平以保持高现金持有量的财务政策，是在财务灵活性原则下进行财务决策的结果。

第六章　财务灵活性对公司财务政策的影响：基于地域因素的实证检验

　　第四章和第五章均是将某个特定的事件作为外部融资环境变动的一种设计，研究公司在此事件冲击下如何根据财务灵活性原则进行财务决策，但在这两章中，均将公司受到的融资约束视为即定的。在本章中，我们将以更为普适化的地域因素作为外部融资约束的替代变量，讨论地域因素如何影响公司的融资约束程度，并通过财务灵活性原则作用于公司的财务政策。

　　地域因素所导致的信息不对称问题造成了公司的融资约束，对于边远地区的公司而言，由于面临更大的信息不对称程度，融资约束的程度更大，在更大程度上将依赖负债融资。在第五章我们已经发现了公司将现金持有政策的重要性排在资本结构政策之上。那么，为了保持自身的财务灵活性，偏远地区的公司将选择保有甚至增加公司的现金持有量。要实现这一目的有两种途径：一种是使用公司的剩余举债能力来增加公司的现金持有量，另一种是减少股利发放来保有公司的现金持有量。因此，地域因素背景下的探讨更多地聚焦于公司在资本结构决策和股利政策之间的权衡问题上。

第一节　研究背景

　　信息不对称影响公司财务政策的选择，这不仅在理论上已经得到了系统的阐述，而且也得到了实证证据的有力支持（Black，1976；Bhattacharya，

1979；Myers 和 Majluf，1984）。近年来，学者们试图从地域的视角为信息不对称影响公司财务政策的选择提供新的证据，并丰富这个领域的文献。

Prinsky 和 Wang（2010）指出，信息不对称导致了代理问题的产生，在企业家能力难以评价或是公司决策难以观察的情况下，代理问题会更为严重。虽然现代的信息传播技术发达，但是距离仍然阻碍了金融市场参与者之间的信息传递，特别是对于一些"软"信息的传递（Stein，2002）。因此，当委托人和代理人在地域上更为接近或更相似时，代理问题将得以缓解。John 等（2011）关于地域因素影响公司股利政策的研究结果支持这一观点，他们的实证结果表明，当公司地处边远地区时，投资者监督管理层投资决策的成本上升，因此边远地区的公司应该通过发放高股利来消除代理问题，特别是在公司自由现金流很高而成长机会却很有限的情况下更是如此。DeAngelo 和 DeAngelo（2007）也认为，公司应该通过保留举债能力和发放高股利的方式来克服融资约束，提高公司未来融资成功的可能性。

然而，除了这种直接影响之外，公司所处的地理位置对于公司股利政策的影响还有可能通过公司的融资决策而产生间接影响。如 Bulter（2008）发现，银行在对外贷款放债时存在着本地偏好，因为它们可以更好地掌握本地公司的"软"信息，可以更好地监督本地公司的行为。而 Loughran 和 Schultz（2006）在分析中心地区公司与边远地区公司的融资决策差异时也发现，边远地区的公司与投资者之间的平均距离较远，这使得这些公司面临更大程度的信息不对称问题，因此它们依赖外部权益融资的可能性更小，并且上市等待时间也更长。这种信息不对称问题所导致的外部融资约束对边远地区公司的股利政策产生的影响可能有以下两种情况：一种情况是，边远地区可以通过提高股利派发水平来传递公司盈利能力强的信号（Bhatta-charya，1979），从而在资本市场上建立起声誉，以期提高未来股权融资成功的概率；另一种情况是，由于股权融资困难，边远地区公司的外部融资主要依赖于债务融资，并且更大程度地依赖所在地银行。这使得边远地区公司杠杆水平偏高，剩余举债能力不足。债务的刚性使得边远地区公司不得不面对高杠杆可能导致的破产风险，以及剩余举债能力不足导致的资金需求的潜在缺口。为了缓解公司可能面临的财务困境，边远地区的公司对财务灵活性的需求将更为迫切。换句话说，由于外部融资面临更大的约束和不确定性，保留财务灵活性对于边远地区的公司而言更有价值。正如

Francis 等（2008）所指出的，由于边远地区的股权融资较难，负债融资成本较高，因此边远地区的公司应该更多地保留公司的财务灵活性。从这个角度来看，边远地区的公司反而可能采取降低股利派发的方式来保留公司的财务灵活性，而非以往文献所预测的提高股利派发以降低委托代理成本和提高公司声誉。

可见，委托人与代理人之间的地理距离远近所导致的信息不对称问题会影响公司的财务决策，但地域因素影响股利政策可能的路径结构共有两种：一种可能的路径是，地域因素影响公司的信息不对称程度，加剧了边远地区公司的委托代理冲突，使得边远地区的公司更迫切地希望通过提高股利支付水平来降低由此带来的委托代理冲突，并传递公司内部盈利能力的信号，提高公司的声誉。此时股利政策是作为解决公司所处地域劣势的一种"替代机制"在发挥作用。另一种可能的路径则是，地域因素影响公司面临的信息不对称程度，导致边远地区公司受到的外部融资约束较大，它们不得不更多地依赖债务融资，从而过多地使用了自身的举债能力，这将导致边远地区的公司对财务灵活性的需求更为迫切，公司为了保留财务灵活性而降低股利支付水平。此时，股利政策是作为公司所处地域劣势所导致的"结果机制"而存在。

LaPorta 等（2000）（下文称为 LLSV（2000））在研究投资者法律保护对公司股利政策的影响时指出，股利政策既有可能成为解决委托代理问题的替代机制，也有可能是委托代理冲突的结果，并将此归纳为投资者法律保护强度影响股利政策的"替代模型"和"结果模型"。我们在此借用 LLSV（2000）中"替代模型"和"结果模型"的提法，构建地域因素影响公司股利政策的分析框架，将前一种路径称为地域因素影响股利政策的"替代模型"，后一种路径则称为地域因素影响股利政策的"结果模型"，在此理论框架下全面探讨地域因素对公司股利政策的影响机制。John 等（2011）的研究结果表明，股利政策可用于解决由信息不对称带来的委托代理冲突，即边远地区的公司可以通过提高股利支付水平降低公司的自由现金流，缓解由严重信息不对称所带来的委托代理冲突。严格来讲，该研究只分析了地域因素影响股利政策的一种可能路径，即"替代模型"，并没有意识到可能还存在另外一种影响路径，即"结果模型"，更未对这两种路径进行分析和比较。

总之，迄今为止的文献尚未明确阐述地域因素到底如何影响公司股利政策，公司股利政策到底是地域因素的一种替代机制，还是地域因素所导致的相应结果？本章将地域因素影响公司股利政策的路径结构归纳为"替代模型"和"结果模型"，并以财务灵活性和成长性作为分析的切入点，得出了与 John 等（2011）的"替代模型"完全不同的结论，构建了地域因素影响股利政策的"结果模型"清晰的传导机制链条。如图 6 - 1 所示。

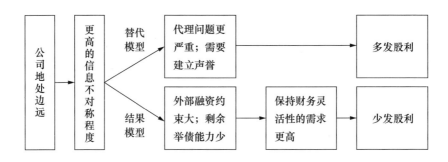

图 6 - 1　地域因素影响公司股利政策的逻辑链条

资料来源：笔者自行整理。

第二节　理论分析与研究假设

根据上述分析，地域因素对公司股利政策的影响机制可以分为"替代模型"和"结果模型"。在"替代模型"的假设下，当公司地处边远地区时，面临的信息不对称程度更大，委托代理冲突更严重，此时，股利政策可作为降低代理成本和提高公司声誉的替代机制，地处边远地区的公司理应通过较高的现金股利支付来降低委托代理冲突的严重程度。据此提出本章第一个研究假设：

H1a：边远地区的公司，其现金股利支付水平显著高于中心地区公司。

在"结果模型"的假设下，边远地区的公司由于面临更大程度的信息不对称，权益融资更为困难，因而倾向于进行债务融资，从而使得边远地区的公司杠杆水平较高，相应地，财务灵活性对于公司的价值将较高，公司对于保留财务灵活性的需求将更为强烈。在杠杆水平较高的情况下，保留财务灵活性的方法在于尽可能地保持较高的现金持有水平，这将使得公司尽可能地降低股利发放水平。由此得出本章第一个研究假设的备择假设：

H1b：边远地区公司的现金股利支付水平显著低于中心地区公司。

然而，仅仅通过比较边远地区与中心地区公司的股利支付水平，就断定是哪种机制在起作用，显然无法令人信服。在我们的"结果模型"中，财务灵活性是一个关键的切入点。对"结果模型"而言，由于其作用机制比较复杂，传导路径较长，因此，只有当我们取得每一个关键传导节点的直接证据时，我们才能形成完整的证据链条，才能得出比较可靠的结论。

由于面临更大程度的信息不对称问题，边远地区的公司更依赖债务融资，这可能导致这些公司财务杠杆较高，剩余举债能力较小。因此，财务灵活性对边远地区的公司而言更有价值，使得它们更倾向于减少现金股利的发放以保留公司财务灵活性。也就是说，边远地区的公司财务灵活性边际价值较高，发放的现金股利较少；而地处中心地区的公司财务灵活性边际价值较低，相应发放的现金股利较多。总体而言，财务灵活性边际价值与公司现金股利发放水平应呈现负相关的关系。由此提出以下三个假设：

H2：边远地区公司的剩余举债能力显著低于中心地区公司。

H3：边远地区公司的财务灵活性边际价值显著高于中心地区公司。

H4：财务灵活性边际价值与公司现金股利水平呈现显著的负相关关系。

如果我们在初始对 H1 的检验中支持假设 H1b，可以认为实证结果初步支持"结果模型"，但地域因素对于公司股利政策的影响路径是否如我们分析中的预测则需进一步的检验。因此，我们在引入财务灵活性这一概念之后，如果可以同时获得支持假设 H2、H3 和 H4 的实证证据，那么可以认为，地域因素对公司股利政策的影响是通过信息不对称影响公司面临的融资约束，并使得边远地区公司过度依赖负债，导致其剩余举债能力不足，提高了财务灵活性边际价值，最终使得边远地区公司减少了现金股利支付。

为了使我们的证据和结论更有说服力，我们以公司成长性作为切入点，分析公司所处地域在"替代模型"和"结果模型"下成长性与股利支付水平之间相关关系的显著特征，以期进一步验证我们的结论。我们用"替代模型"和"结果模型"来预测现金股利与公司成长性之间的关系，如图6-2所示。

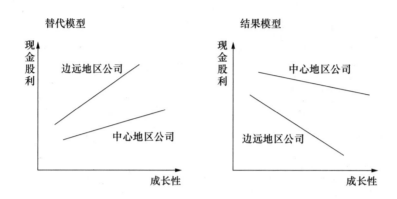

图6-2 地域因素对公司股利政策的影响机制

资料来源：笔者自行整理。

如图6-2所示，根据我们的理论预期，边远地区的公司面临的信息不对称程度更大。在"替代模型"下，对于成长性更高的公司而言，处于边远地区使得它们未来的融资更为困难，因此声誉就显得更为重要，这使得那些处于边远地区又具有高成长性的公司拥有更强烈的发放高股利的动机，以讨好潜在的投资者。而对中心地区的高成长性公司而言，由于信息不对称程度较小，相应的它们发放高股利的动机较弱，对应的成长性与现金股利之间的正相关关系也就较弱。在图6-2中表现为中心地区公司对应的直线在边远地区公司对应的直线之下，且中心地区公司对应的直线斜率较小，表明相同成长性下边远地区公司更倾向于发放高股利。

在"结果模型"之下，边远地区的公司由于信息不对称问题而面临更大的外部融资约束，从而使得这些公司杠杆较高，剩余举债能力不足，因此将更多地依靠内源融资的方式来保留未来公司发展需要的资金。其中，成长性较高的公司为了防范未来可能的融资风险，对于财务灵活性的需求会更大，它们将更倾向于保留公司财务灵活性。因此，这些成长性更高的公司反而应该减少发放现金股利。此时，公司成长性与现金股利发放水平将呈现负相关关系。而中心地区受到的外部融资约束相对较小，因此这种负相关关系相应较小，对应直线的斜率应较为平缓，且将高于边远地区公司对应的直线。

根据上述分析，在"替代模型"的作用机制下，处于边远地区又具有较高成长性的公司，为了获得未来融资的良好声誉，只能牺牲眼前的"小利"，也就是通过较高分红来笼络潜在投资者。公司成长性越高，声誉越为重要，因此分红水平也随之上升，在这种情况下，公司成长性与现金股利发放水平将呈现显著的正相关关系。对于中心地区的高成长性公司而言，由于面临的信息不对称程度较小，对于声誉的需求并未像边远地区的公司那么迫切，因此其对应的公司成长性与现金股利发放水平之间的正相关关系将较弱。由此我们得出研究假设 H5：

H5a：边远地区公司成长性与现金股利发放水平呈显著正相关关系，中心地区公司相应的正相关关系弱于边远地区公司。

在"结果模型"的作用机制下，当高成长性的公司地处边远时，由于面临的外部融资约束更大，因此为了保留未来高速发展所需要的现金，公司更倾向于保留财务灵活性而少发放股利。公司成长性越高，所需要的未来发展资金就越多，公司发放的股利就应越少。在这种情况下，公司成长性与现金股利发放水平应该呈显著负相关关系。而对于中心地区公司而言，其面临的外部融资约束较小，即使是对于高成长性的公司而言，现金股利的发放对于公司未来发展的制约作用还是弱于边远地区公司。如果公司未来现金流紧缺，还可以通过外部融资渠道来解决。因此，相比于边远地区的公司而言，中心地区的公司对应的公司成长性与现金股利发放水平之间的负相关关系要弱。由此我们得出 H5 的备择假设：

H5b：边远地区公司成长性与现金股利发放水平呈显著负相关关系，中心地区公司相应的负相关关系弱于边远地区公司。

第三节　实证研究设计

一、数据来源和样本选取

本章以 2001～2010 年所有 A 股上市公司为样本，剔除 ST 或 PT 的公司、金融类企业、数据不完整以及数据异常的观测值①，考察了 2001 ~ 2010 年地域因素对公司股利政策的影响。其中，地区人口统计数据来源于 CEIC 数据库，公司财务数据全部来源于 RESSET 数据库（www. resset. cn），公司最终控制人的数据来源于 WIND 数据库。

二、变量定义和计算

（一）地域变量

考虑到投资者的本地偏好效应（Tversky 和 Kahneman，1973；Prinsky 和 Wang，2010），笔者认为，人们普遍会对本地上市公司更为熟悉，会有更大的可能性投资于本地公司，成为其投资者。这主要是因为，在信息时代，所有人能掌握的公开信息可以认为是同质的，而投资者对本地上市公司信息的掌握则更多依赖于社会关系带来的非公开信息，或者说"软"信息。一个地区的上市公司多，相应的非公开信息也多；而一个地区的人口多，这些软信息口口相传的可能性也相应提高，软信息的传播速度相应加快，从而降低该地区上市公司的信息不对称程度。

综合以上考虑可得，所处地区的人口数越多，上市公司越多，掌握公司"软"信息的投资者也相应越多，拥有更多地理相似的委托人的可能性也就越大，公司所面临的信息不对称程度就相对较小；反之亦然。因此，我们以公司总部所在地来划分公司所处的地域（Prinsky 和 Wang，2010），同时以地区人口数（John 等，2011）和上市公司家数综合衡量公司所处地域的边远程度。

我们根据 CEIC 数据库中每年城市人口数的统计数据对城市进行排序，并在遵循人口排序的同时，统计各地区的上市公司家数进一步排序。依照人口数和上市公司家数这两项指标综合筛选出本书所指的中心地区的 10 个城市，分别是重庆、上海、北京、天津、成都、深圳、武汉、广州、杭州、南京，其中有 9 个城市在 2016 年一季度全国主要城市 GDP 中排名前十②。

---

① 数据异常的观测值包括 g 大于 20 或小于 - 20 的值，以及 BCF 大于 40 或小于 - 40 的值，共剔除 22 个观测值；在进行与 CDiv2 有关的回归时，剔除 CDiv2 大于 10 以及 CDiv2 小于 0 的值，剔除的此类观测值共 31 个。

② 2016 年一季度全国主要城市 GDP 排名前十分别是：上海、北京、广州、天津、深圳、重庆、苏州、成都、武汉和杭州。

这 10 个城市的人口数在全国 254 个城市中分别排名 1、2、3、4、10、12、26、28、48、59，其所拥有的上市公司家数在全国城市中排名靠前，共计 1058 家，占所有 A 股主板上市公司总数的 40.76%，具有一定的代表性。我们对总部位于这些城市的上市公司的地域变量取值为 1，其他城市划分为边远地区，所在地上市公司的地域变量取值为 0。根据这种方法选取出来的城市，人均 GDP 在全国处于领先位置，但能够更准确地刻画公司所面临的信息不对称程度的差异。

（二）现金股利水平

本章从财务灵活性的角度重新检视 John 等（2011）的结论，并采用中国本土数据进行检验，以验证在我国资本市场环境下，地域因素对公司股利政策的影响是遵循 John 等（2011）的"替代模型"，还是财务灵活性假设下的"结果模型"。因此，我们首先采用 John 等（2011）采取的度量方法，即 CDiv1 = 公司每股税前股利×公司流通股总股数/公司市值，以增强结论的可比性。除此之外，我们还采用了以往文献中研究股利行为常用的股利支付率，即 CDiv2 = 每股股利/每股盈利来度量。

（三）剩余举债能力

本章借鉴赵蒲和孙爱英（2004）对公司剩余举债能力的计算方法，即公司剩余举债能力 = Max（0，同行业平均负债水平 – 公司现有负债水平），其中负债水平以账面值为基础进行计算。

（四）控制变量

目前，许多公司通过商业信用获得了债务和股权融资方式以外的融资渠道和融资能力，我们在控制变量中加入公司商业信用融资能力加以控制，以反映公司的议价能力带来的额外融资能力，度量指标为商业信用融资净额/当年销售收入，其中商业信用融资净额为应付额（包括应付票据、应付账款和预收账款）– 应收额（包括应收票据、应收账款和预付账款）（饶品贵和姜国华，2010）。

考虑到国有企业可能面临的预算软约束（田利辉，2005）以及公司股权融资可能导致的控制权稀释对于公司大股东的影响，我们在控制变量中加入是否为国有企业的虚拟变量。

其他控制变量还包括公司市账比（公司市值与资产账面值的比值）、行业股利支付水平（行业平均现金股利支付额）、公司股权集中度（公司前十大股东所拥有股份占公司总股份的比例）和公司规模（总资产的对数）。

本章中所使用的变量归纳如表 6 – 1 所示。

表 6 – 1   变量的定义与计算

	变量名称	变量标识	变量定义
因变量	股利决策	CDiv1	公司每股税前现金股利 × 公司流通股总股数/公司市值
		CDiv2	公司每股税前现金股利/公司每股净利润（EPS）
	财务灵活性	MVOC	公司当年的财务灵活性边际价值
	剩余举债能力	SDC	Max（0，同行业平均负债水平 – 公司现有负债水平）
主要自变量	财务灵活性	MVOC	参见本书第三章第三节财务灵活性边际价值的计算方法
	地域因素	LOC	公司总部位于中心地区时取值为 1，位于其他地区时取值为 0
	成长性	g	公司年销售收入增长率
控制变量	投资机会	MB	公司市值/总资产的账面值
	盈利能力	ROA	公司当年净利润/总资产
	剩余举债能力	SDC	Max（0，同行业平均负债水平 – 公司现有负债水平）
	产权性质	SOE	当公司最终控制人为国有时，SOE = 1；其他样本时，SOE = 0
	行业效应	INDPAY	行业股利支付水平的均值
	商业信用融资能力	BCF	（应付额 – 应收额）/同年销售收入
	股权集中度	OWNCON10	公司前十大股东所持股份总数/公司总股数
	公司规模	SIZE	公司总资产的自然对数

三、实证模型

为了初步检验地域因素对公司股利政策的影响是符合"替代模型"还是"结果模型"，我们以现金股利支付水平作为因变量检验假设 H1，回归方程如下：

$$CDiv_{i,t} = \alpha_0 + \beta_1 LOC + \beta_2 MB_{i,t} + \beta_3 SDC_{i,t} + \beta_4 g_{i,t} + \beta_5 ROA_{i,t} + \beta_6 INDPAY_t +$$
$$\beta_7 BCFR_{i,t} + \beta_8 SOE_i + \beta_9 OWNCON10_{i,t} + \beta_{10} SIZE_{i,t} + \varepsilon_{i,t} \qquad (6-1)$$

通过观察 β_1 的符号可以初步判断地域因素对公司股利政策的影响是符合"替代模型"还是"结果模型"。当 β_1 显著为正时，支持"结果模型"；反之则支持"替代模型"。如果"结果模型"得以初步验证，那么为了更直观地剖析地域因素影响公司股利政策的机制，要继而验证假设 H2 和 H3。我们分别以剩余举债能力以及财务灵活性边际价值作为因变量，地域因素作为自变量，在控制其他影响因素的情况下，对地域因素如何影响公司的剩余举债能力和财务灵活性边际价值进行同时检验，以验证我们的理论预期。我们预期地域因素通过影响公司面临的信息不对称水平影响公司受到的融资约束，进而影响公司财务灵活性边际价值，回归方程如下：

$$SDC_{i,t} = \alpha_0 + \beta_1 LOC + \beta_2 g_{i,t} + \beta_3 ROA_{i,t} + \beta_4 MB_{i,t} + \beta_5 SOE_i + \beta_6 BCFR_{i,t} +$$
$$\beta_7 OWNCON10_{i,t} + \beta_8 SIZE_{i,t} + \varepsilon_{i,t} \qquad (6-2)$$

$$MVOC_{i,t} = \alpha_0 + \beta_1 LOC + \beta_2 g_{i,t} + \beta_3 ROA_{i,t} + \beta_4 MB_{i,t} + \beta_5 SOE_i + \beta_6 BCFR_{i,t} +$$
$$\beta_7 OWNCON10_{i,t} + \beta_8 SIZE_{i,t} + \varepsilon_{i,t} \qquad (6-3)$$

在获得剩余举债能力与财务灵活性边际价值随公司地域因素变化的实证证据后，我们再在方程（6-1）中加入财务灵活性边际价值及其与地域因素的交乘项来验证假设 H4，以完成对影响机制最后一个链条的检验，即财务灵活性边际价值与公司股利政策之间关系的实证检验。此外，由于 MB 值不仅可以表示公司未来的投资机会，还可以表示公司的估值，又由于 Gamba 和 Triantis（2008）已经证明了财务灵活性可以提高公司价值，因此 MB 值与财务灵活性边际价值之间应该存在着相关关系。因此，我们进行了变量相关性检验，发现 MB 值与公司财务灵活性边际价值显著正相关。在 Pearson 与 Spearman 相关性检验中，二者相关系数均约为 0.70，检验结果如表 6-2 所示。

因此，为了避免多重共线性的发生，当方程（6-1）引入 MVOC 作为自变量时，去掉变量 MB，得到的回归方程如下：

$$CDiv_{i,t} = \alpha_0 + \beta_1 MVOC_{i,t} + \beta_2 LOC + \beta_3 (LOC \times MVOC_{i,t}) + \beta_4 SDC_{i,t} +$$
$$\beta_5 g_{i,t} + \beta_6 ROA_{i,t} + \beta_7 INDPAY_t + \beta_8 SOE_i + \beta_9 BCFR_{i,t} + \beta_{10} OWNCON10_{i,t} + \beta_{11}$$
$$SIZE_{i,t} + \varepsilon_{i,t} \qquad (6-4)$$

我们进一步将样本划分为中心地区样本和边远地区样本，验证不同地域

表6-2 主要变量 Pearson/Spearman 相关性检验（样本数：8548）

	CDiv1	CDiv2	MVOC	MB	g	SDC	ROA	BCF	OWNCON10	SIZE
CDiv1	1.0000	0.3424***	-0.1044***	-0.1599***	0.0057	0.0262**	0.2670***	0.0170*	0.0907***	0.3005***
CDiv2	0.8541***	1.0000	0.0121	-0.0348***	-0.0274***	0.0458***	0.0979***	-0.0182*	0.1229***	0.0502***
MVOC	-0.0419***	0.0625***	1.0000	0.7062***	0.0312***	0.2752***	0.4267***	-0.0751***	0.0657***	-0.6190***
MB	-0.1359***	-0.0035	0.6911***	1.0000	-0.0155	0.1975***	0.0480***	-0.1531***	0.0838***	-0.2982***
g	0.1524***	0.1002***	0.0744***	-0.0090	1.0000	-0.0456***	0.1293***	0.0218**	0.0262**	0.0388***
SDC	0.0521***	0.0769***	0.2855***	0.1884***	-0.0932***	1.0000	0.1191***	-0.0716***	0.0194	-0.2284***
ROA	0.5253***	0.3769***	0.4074***	0.3069***	0.2812***	0.2014***	1.0000	0.1455***	0.1263***	0.1543***
BCF	0.0881***	0.0011	-0.2419***	-0.1689***	0.0752***	-0.1920***	0.0026	1.0000	-0.0101	0.0999***
OWNCON10	0.1469***	0.2247***	0.1040***	0.1308***	0.1066***	0.0333***	0.2274***	-0.0187*	1.0000	0.1116***
SIZE	0.3287***	0.1683***	-0.6604***	-0.3881***	0.1043***	-0.2422***	0.1335***	0.2908***	0.0395***	1.0000

注：以对角线为界，对角线右侧为 Pearson 检验相关系数，对角线左侧为 Spearman 检验相关系数。***表明在1%的显著性水平上显著，**表明在5%的显著性水平上显著，*表明在10%的显著性水平上显著。

环境下公司成长性与现金股利政策之间的相关关系，从另一个角度验证地域因素对公司股利政策的作用机制是否如图6-2所示，也就是验证假设H5，回归方程如下：

$$CDiv_{i,t} = \alpha_0 + \beta_1 g_{i,t} + \beta_2 MVOC_{i,t} + \beta_3 SDC_{i,t} + \beta_4 ROA_{i,t} + \beta_5 INDPAY_t +$$
$$\beta_6 BCFR_{i,t} + \beta_7 SOE_i + \beta_8 OWNCON10_{i,t} + \beta_9 SIZE_{i,t} + \varepsilon_{i,t} \tag{6-5}$$

四、描述性统计结果

从表6-3可以看出，从描述性统计结果来看，总体而言，中心地区和边远地区的样本值差异不大。在两种统计口径下，中心地区的股利支付率的均值均略高于边远地区，而边远地区的财务灵活性边际价值的均值高于中心地区，这与我们的预期是一致的。中心地区成长性指标的表现不及边远地区，但其净资产收益率的表现略好于边远地区。这说明目前边远地区公司处于成长期，而中心地区公司则相对成熟。同时，中心地区的公司规模更大，股权集中度更高。

表6-3 主要变量描述性统计结果

变量	样本	N	均值	中位数	最大值	最小值	标准差
CDiv1	全样本	8579	0.0064	0.0027	0.1452	0.0000	0.0103
	中心地区	3262	0.0067	0.0032	0.1220	0.0000	0.0103
	边远地区	5317	0.0063	0.0024	0.1452	0.0000	0.0103
CDiv2	全样本	8548	0.2719	0.1602	16.9563	0.0000	0.4764
	中心地区	3252	0.2807	0.2009	16.9563	0.0000	0.5310
	边远地区	5296	0.2665	0.1360	8.0347	0.0000	0.4395
MVOC	全样本	8579	0.9500	0.9185	5.1308	-1.5591	0.4720
	中心地区	3262	0.8916	0.8619	5.1308	-1.5591	0.4995
	边远地区	5317	0.9857	0.9453	4.9314	-0.8932	0.4506
g	全样本	8579	0.2425	0.1458	16.0519	-14.3498	0.7445
	中心地区	3262	0.2305	0.1370	14.2742	-14.3498	0.7679
	边远地区	5317	0.2499	0.1493	16.0519	-0.9729	0.7298
SDC	全样本	8579	0.0713	0.0000	0.5552	0.0000	0.1059
	中心地区	3262	0.0712	0.0000	0.5552	0.0000	0.1052
	边远地区	5317	0.0713	0.0000	0.5319	0.0000	0.1064

变量	样本	N	均值	中位数	最大值	最小值	标准差
ROA	全样本	8579	0.0333	0.0333	0.4768	-3.0982	0.0725
	中心地区	3262	0.0338	0.0333	0.4573	-3.0982	0.0849
	边远地区	5317	0.0330	0.0332	0.4768	-0.8978	0.0638
BCF	全样本	8579	0.0387	0.0254	39.2078	-22.6019	0.7674
	中心地区	3262	0.0731	0.0277	39.2078	-22.6019	1.1439
	边远地区	5317	0.0177	0.0244	6.5137	-6.3388	0.3827
OWNCON10	全样本	8579	0.5851	0.5995	0.9948	0.0883	0.1428
	中心地区	3262	0.6013	0.6177	0.9948	0.0883	0.1458
	边远地区	5317	0.5751	0.5901	0.9607	0.1126	0.1401
SIZE	全样本	8579	21.4622	21.3246	28.0031	17.7066	1.0838
	中心地区	3262	21.6199	21.4737	28.0031	17.7066	1.2019
	边远地区	5317	21.3654	21.2397	25.5086	18.8370	0.9923

第四节　实证结果与分析

一、"替代模型"与"结果模型"的初步检验

我们首先以公司现金股利支付水平作为因变量，根据模型（6-1）初步检验公司股利发放水平与地域变量的相关关系，回归结果如表6-4所示。

表6-4　地域因素与股利政策混合数据多元线性回归结果

因变量	CDiv1	CDiv2
Intercept	-0.0415 ***	-0.3650 ***
	(-19.17)	(-3.18)
LOC	0.0004 *	0.0094
	(1.74)	(0.90)

续表

因变量	CDiv1	CDiv2
MB	-0.0004 ***	-0.0143 **
	(-5.51)	(-3.81)
SDC	0.0046 ***	0.2097 **
	(4.80)	(4.21)
g	-0.0004 ***	-0.0218 **
	(-3.19)	(-3.20)
ROA	0.0299 ***	0.5822 ***
	(21.28)	(7.99)
INDPAY	0.8525 ***	0.6229 ***
	(32.71)	(14.46)
SOE	-0.0004 **	0.0543 ***
	(-1.91)	(4.80)
BCF	-0.0006 ***	-0.0163 **
	(-4.29)	(-2.43)
OWNCON10	0.0029 ***	0.2915 ***
	(4.27)	(8.04)
SIZE	0.0019 ***	0.0120 **
	(18.76)	(2.28)
样本数	8579	8548
F 值	291.40	51.21
调整 R 平方	25.29%	5.55%

注：表中括号内为 t 统计值，＊＊＊表明在 1% 的显著性水平上显著，＊＊表明在 5% 的显著性水平上显著，＊表明在 10% 的显著性水平上显著，均为双尾检验。

如表 6-4 所示，公司现金股利支付水平与地域变量呈现出显著的正相关关系，说明边远地区的公司现金股利支付水平显著低于中心地区的公司，这与 John 等（2011）的结论恰好相反，假设 H1b 得到验证，拒绝假设 H1a，初步证明地域因素对公司股利政策的影响符合"结果模型"，而非"替代模型"。

实证结果还表明，公司现金股利支付率与公司剩余举债能力、所处行业的平均水平、公司盈利能力、股权集中度以及公司规模均呈现显著的正相关关系。当公司剩余举债能力高、盈利能力强、股权集中度高、规模较大以及处于股利支付水平高的行业时，对应的现金股利分配水平也较高。公司现金股利支付水平与公司成长性呈现显著的负相关关系，意味着成长性高的公司倾向于降低现金股利发放水平。

然而，仅仅根据地域变量与公司现金股利水平之间的正相关关系，还无法判断地域因素是否通过"结果模型"的逻辑链条来影响公司的现金股利支付水平。根据之前的论述，我们知道，由于地处边远的公司面临更大程度的信息不对称水平，因而将更多地依赖银行，导致其杠杆偏高，剩余举债能力不足。此时，财务灵活性对于边远地区的公司而言将更有价值，即边远地区的公司对应的剩余举债能力低于中心地区公司，而财务灵活性边际价值高于中心地区公司。因此，我们需要检验地域因素对公司的剩余举债能力和财务灵活性边际价值的影响是否与我们的理论预测一致，以期能够更为直观清晰地刻画地域因素对公司股利政策的影响路径的前两个链条。

二、地域因素、外部融资约束与财务灵活性

我们分别根据模型（6-2）和模型（6-3）进行回归，结果如表6-5所示。

表6-5　地域因素、外部融资约束与财务灵活性混合数据多元线性回归结果

因变量	SDC	MVOC
Intercept	0.4963*** (20.84)	5.4725*** (165.97)
LOC	0.0042* (1.85)	-0.0530*** (-16.86)
g	-0.0078*** (-5.27)	-0.0020 (-0.91)
ROA	0.2334*** (13.95)	3.1431*** (145.32)
MB	0.0085*** (10.50)	0.1701*** (152.22)

续表

因变量	SDC	MVOC
SOE	0.0042 *	0.0220 ***
	(1.71)	(6.48)
BCF	− 0.0023 ***	− 0.0057 ***
	(− 2.71)	(− 2.83)
OWNCON10	0.0081	0.0791 ***
	(1.04)	(7.33)
SIZE	− 0.0213 ***	− 0.2345 ***
	(− 19.28)	(− 153.03)
样本数	8579	8579
F 值	115.70 ***	11215.30 ***
调整 R 平方	9.66%	91.27%

注：表中括号内为 t 统计值，*** 表明在 1% 的显著性水平上显著，* 表明在 10% 的显著性水平上显著，均为双尾检验。

　　如表 6 − 5 所示，剩余举债能力与地域变量呈显著正相关关系，这意味着中心地区公司的剩余举债能力显著高于边远地区的公司，假设 H2 得到验证。这表明，相比于同行业其他公司而言，地处边远的公司更多地使用负债来进行融资，导致其杠杆偏高，剩余举债能力不足。而财务灵活性边际价值与地域变量呈现显著的负相关关系，因此，相比于中心地区的公司而言，边远地区公司的财务灵活性边际价值更高，假设 H3 亦得到验证。

　　公司剩余举债能力除了受到地域因素的影响之外，还与公司盈利能力（ROA）和公司投资机会（MB）等变量呈显著的正相关关系。盈利能力越强的公司，可以更多地使用内源融资，因此剩余举债能力越大。对于未来投资机会多的公司而言，公司应该更多地保留自身举债能力以应对未来投资可能产生的资金需求，因此当公司未来投资机会越多，即 MB 值越高时，公司剩余举债能力也会越大。

三、地域因素、财务灵活性与股利政策

　　我们将财务灵活性边际价值引入模型（6 − 1），以完成对地域因素影响公司股利政策的最后一个链条，即财务灵活性边际价值与公司股利政策之

间相关关系的描绘，从而完全厘清"结果模型"的作用机理，实证结果如表6-6所示。

表6-6 地域因素、财务灵活性与股利政策混合数据多元线性回归结果

因变量	CDiv1	CDiv2
Intercept	-0.0318 *** (-9.70)	-0.0601 *** (-1.00)
MVOC	-0.0016 *** (-3.96)	-0.0485 ** (-2.38)
LOC	0.0009 ** (2.11)	0.0372 * (1.62)
LOC × MVOC	-0.0007 * (-1.74)	-0.0335 (-1.54)
SDC	0.0043 *** (4.49)	0.1992 *** (4.01)
g	-0.0004 *** (-3.26)	-0.0221 *** (-3.25)
ROA	0.0356 *** (18.94)	0.7738 *** (7.96)
INDPAY	0.8695 *** (33.85)	0.6369 *** (14.80)
SOE	-0.0004 * (-1.70)	0.0558 ** (4.94)
BCF	-0.0005 *** (-4.20)	-0.0157 * (-2.34)
OWNCON10	0.0030 *** (4.30)	0.2897 *** (7.97)
SIZE	0.0015 *** (10.05)	-0.0019 (-0.26)
样本数	8579	8548
F 值	264.68 ***	46.40 ***
调整 R 平方	25.27%	5.52%

注：表中括号内为 t 统计值，*** 表明在1%的显著性水平上显著，** 表明在5%的显著性水平上显著，* 表明在10%的显著性水平上显著，均为双尾检验。

将财务灵活性边际价值这一变量引入方程后，我们发现，财务灵活性边际价值与公司现金股利支付水平呈现显著的负相关关系，这说明公司财务灵活性边际价值越高，公司现金股利支付水平越低，支持假设H4。

同时，财务灵活性边际价值与地域变量的交乘项系数显著为负，表明公司处于中心地区这一属性对财务灵活性边际价值与现金股利支付水平之间的负相关关系起到了加强作用，处于中心地区的公司对应的财务灵活性边际价值与公司现金股利支付水平之间的负相关关系强于边远地区公司。这说明公司的股利政策决策会受到公司财务灵活性水平的影响，当公司财务灵活性水平高时，财务灵活性边际价值低，此时公司将采取高股利政策。

综上所述，我们首先发现公司现金股利支付水平与地域变量呈现显著的正相关关系，说明中心地区公司的现金股利支付水平显著高于边远地区公司，初步支持"结果模型"。我们进而验证公司所处地域对其剩余举债能力与公司财务灵活性边际价值的影响。结果表明，相比于中心地区而言，边远地区的公司剩余举债能力较低，财务灵活性边际价值较高。于是，我们最后检验财务灵活性边际价值与公司现金股利支付水平之间的关系，结果发现公司现金股利水平与财务灵活性边际价值呈现显著的负相关关系。并且由于我们之前已经验证了边远地区公司的财务灵活性边际价值较高，由此可得边远地区的公司相应的现金股利支付水平应低于中心地区公司。

综合以上实证结果来判断，我们认为地域变量通过影响公司面临的信息不对称程度的高低，影响了公司所受到的外部融资约束，导致处于不同地域的公司剩余举债能力的不同，最终通过影响不同地域公司的财务灵活性边际价值影响了公司的现金股利支付水平。因此，地域因素是通过影响财务灵活性边际价值对公司股利政策起作用的，实证结果表明地域因素对公司股利政策的影响机制符合"结果模型"。

四、地域因素、公司成长性与股利政策

其实从表6-4和表6-6的回归结果中，我们已经看出公司现金股利支付水平与成长性呈现显著的负相关关系。但为了进一步验证我们的结论，我们将样本划分为中心地区和边远地区，分别根据模型（6-5）进行回归，以更清晰和直观地验证公司成长性对公司股利政策的影响是否存在地区差异，实证结果如表6-7所示。

表 6 - 7　地域因素、成长性与股利政策混合数据多元线性回归结果

因变量	CDiv1		CDiv2	
样本	中心地区	边远地区	中心地区	边远地区
Intercept	- 0.0402 ***	- 0.0155 ***	- 0.3381	0.3249
	(- 8.22)	(- 3.41)	(- 1.16)	(1.49)
g	- 0.0002	- 0.0006 ***	- 0.0174	- 0.0268 ***
	(- 0.93)	(- 3.69)	(- 1.46)	(- 3.29)
MVOC	- 0.0006	- 0.0038 ***	- 0.0541 *	- 0.0866 ***
	(- 1.01)	(- 7.72)	(- 1.66)	(- 3.73)
SDC	0.0057 ***	0.0031 **	0.2739 ***	0.1506 **
	(3.75)	(2.53)	(3.03)	(2.57)
ROA	0.0218 ***	0.0548 ***	0.5489 ***	1.0959 ***
	(8.94)	(18.83)	(3.82)	(7.94)
INDPAY	1.0138 ***	0.7760 ***	0.7826 ***	0.5150 ***
	(23.96)	(24.11)	(11.11)	(9.49)
SOE	0.0005	- 0.0006 **	0.0368 *	0.0678 ***
	(1.27)	(- 2.39)	(1.69)	(5.30)
BCF	- 0.0005 ***	0.0002	- 0.0140 *	- 0.0091
	(- 3.29)	(0.57)	(- 1.70)	(- 0.57)
OWNCON10	0.0006	0.0042 ***	0.1855 ***	0.3490 ***
	(0.55)	(4.70)	(2.86)	(8.09)
SIZE	0.0018 ***	0.0008 ***	0.0133	- 0.0189 **
	(8.42)	(3.91)	(1.04)	(- 1.98)
样本数	3262	5317	3252	5296
F 值	147.70 ***	192.47 ***	22.38 ***	36.88 ***
调整 R 平方	28.84%	24.48%	5.59%	5.75%

注：表中括号内为 t 统计值，*** 表明在 1% 的显著性水平上显著，** 表明在 5% 的显著性水平上显著，* 表明在 10% 的显著性水平上显著。

如表 6 - 7 所示，对于边远地区的公司而言，公司成长性与现金股利支付水平呈现显著的负相关关系。中心地区的样本中，公司成长性与现金股利支付水平之间的相关关系虽然为负，但并不显著，说明其相对应的负相

关关系弱于边远地区公司。并且，由于中心地区的样本中公司成长性对应的回归系数较大，说明在成长性相同的情况下，边远地区公司现金发放水平低于中心地区公司。实证结果验证了假设 H5b，仍然与我们之前的实证结果一致，支持"结果模型"，而非"替代模型"。这说明当高成长性的公司地处边远时，由于面临更大程度的信息不对称问题，因此相应的外部融资约束也就更大，那么为了保留未来发展所需要的资金，公司将更倾向于保留现金，从而降低现金股利的发放。我们从公司成长性的角度出发，同样得出了地域因素对公司股利政策的影响机制符合"结果模型"的结论。

第五节　研究结论

现有文献关于地域因素影响公司股利政策的探讨仅仅表明地域因素确实能够通过影响公司面临的信息不对称程度来影响公司的股利政策，但对地域因素影响公司股利政策的路径结构的研究却很含糊，缺乏对影响路径的清晰勾画。本章借用 LLSV（2000）中投资者法律保护对股利政策影响机制的划分方法，将地域因素对公司股利政策的影响路径归纳为"替代模型"和"结果模型"，进一步完善了 John 等（2011）的分析框架。同时，本章以我国上市公司为样本，厘清了地域因素对股利政策的影响机制，且首次以财务灵活性和公司成长性为视角厘清了二者作用机制的差异，弥补了现有文献在探讨地域因素影响公司股利政策时所存在的理论框架上的缺陷，提供了公司融资决策对股利行为直接影响机制的实证证据，丰富了地域因素以及财务灵活性对公司财务政策影响的相关文献。本章对于这种影响机制的区分，可以为地域因素与公司股利政策的研究提供更为准确的实证证据。

当公司地处边远地区时，由于面临更高的信息不对称水平，将更为依赖银行负债，导致其剩余举债能力不足。负债的刚性可能导致财务风险，而剩余举债能力的不足使公司未来可能存在资金缺口，因此边远地区的公司更需要保留或提升公司的财务灵活性水平，以防范可能出现的财务困境。相比于中心地区的公司而言，财务灵活性对于边远地区的公司来说更有价值。当财务灵活性边际价值高时，公司将更倾向于保留财务灵活性，从而减少现金股利的发放。这就是边远地区公司现金股利支付水平低于中心地区公司的主要原因，也是地域因素作用于公司股利政策的机理链条。从财务灵活性的角度来看，地域因素对公司股利政策的影响是通过影响公司外部融资约束并进而影响公司财务灵活性边际价值的大小来实现的。这一结果也说明我国上市公司将资本结构决策的重要性排在了股利政策之上。

除了财务灵活性的角度之外，我们又从公司成长性的角度寻求进一步验证上述实证结论的证据。我们发现，地域因素通过影响公司外部融资约束，制约了边远地区高成长性的企业大额发放现金股利的能力。对于边远地区公司而言，当成长性高时，公司将更倾向于留存资金。这与我们对"结果模型"下公司成长性与现金股利政策之间相关关系的理论预测一致。

总之，不管从财务灵活性的角度还是公司成长性的角度，我们都得到了一致的结论，即地域因素通过影响公司面临的外部融资约束影响了公司的股利政策，地域因素对我国上市公司股利政策的作用机制符合"结果模型"。

第七章 结 语

资本结构、现金持有量以及股利政策是公司财务研究中的三大核心问题。财务学围绕这些基础问题展开了一系列的讨论，形成了如资本结构的优序融资理论和权衡理论、现金持有水平的代理理论、股利政策的代理理论和迎合理论等。经过几十年的发展，公司财务理论逐步形成体系完整、流派纷呈的理论脉络。然而，在实践中，公司财务政策之间是相互影响的，公司常常需要对多个财务政策同时做出选择。并且在很多情况下，财务政策在追求各自目标的时候会相互掣肘，公司不得不首先确定决策考虑的首要因素，其次在权衡利弊的基础上对财务政策进行折衷和取舍，最后给出一揽子的财务政策。这使得公司财务理论与实践之间存在着天然的鸿沟。

Baker 等（2011）在其《关于公司理财的问卷调查研究》（Survey Research in Corporate Finance）中指出："关于公司财务理论与实践之间的差异为何如此巨大，Miller（1977）早已为我们提供了一些提示。正如 Miller 在1976 年的 AFA 会议上指出的那样，'我所接触的投行研究团队往往掌握足够且可信的关于公司资产未来价值的信息，却仍无法说服一个保持适度怀疑态度的外部学术观察者：公司价值实际上已经通过一些特定的财务决策或战略达到最大化。理性行为模型一般而言可以在行业、市场或是整体经济水平上给予更好的预测和描述。但他们的经验却是，在这些水平上，更需要的是经验法则，或是在决策制定的直觉上不存在不一致性的东西'。Miller 的话给我们上了两课。首先，实践与理论之间确实存在差距，因为每一种理论都是抽象化的逻辑上的建构。在通常的传统经济学，理论是用来建议管理层们应该如何行为，而不是描述他们实际上如何行为。当研究者们实证检验这些理论时，他们无法对实践中发生的事件精确建模也就不足为奇了。"

通过财务灵活性的视角来研究公司财务决策，我们更好地打开了公司财务实践中的决策机理这一"黑箱",并将其纳入公司财务的理论框架下。本书将公司的资本结构政策、现金持有政策和股利政策作为一个整体,研究了公司财务实践中管理层在不同财务政策间的权衡决策。不仅如此,本书通过研究外部融资约束下财务灵活性对公司财务决策的影响机制,发现不管是在我国特色的政策背景下,还是在全球信贷危机的冲击之下,抑或是公司自身所处的地域因素下,财务灵活性不仅是财务高管们在进行公司资本结构决策时的重要决策变量,同时还显著地影响了公司的现金持有政策和股利政策。

第一节　研究结论与分析

本书的研究结论概括如下:

第一,本书就财务灵活性对公司财务政策的影响机制进行了研究,研究结果表明,总体而言,财务灵活性是公司进行财务决策的重要因素,财务灵活性法则不仅影响了公司的资本结构政策,还影响了公司的现金持有政策和股利政策。在资本结构决策中,财务灵活性法则使得公司更倾向于保留自身举债能力,而财务灵活性边际价值越高的公司,这种倾向将更为强烈。并且,财务灵活性边际价值越高的公司越倾向于保持较高的现金持有量,并减少现金股利的发放。除此之外,公司发放股票股利可以保留公司的财务灵活性,财务灵活性边际价值高的公司更倾向于采用股票股利的方式替代现金股利。

第二,本书对资本结构政策的研究表明,财务灵活性边际价值高的公司,倾向于保持低的杠杆水平,并倾向于保留剩余举债能力。不仅如此,即使当公司资本结构低于目标资本结构或是存在外部融资需求时,公司仍然会根据其所处的财务灵活性水平所对应的财务灵活性边际价值来决定是否提高其长期负债水平。对于财务灵活性边际价值高的公司而言,即使存在剩余举债能力或是外部融资需求,提高杠杆的概率也低于那些财务灵活性边际价值低的公司,公司资本结构决策行为符合财务灵活性假说。因此,本书提供的经验证据表明财务灵活性假说并非传统资本结构理论的一个分支,而是能够解释公司资本结构的变动,是一个独立于传统资本结构理论的研究视角。

第三，本书对现金持有政策的研究结果表明，除了剩余举债能力之外，现金也是财务灵活性的一大重要来源。公司财务灵活性边际价值越高，越倾向于持有更多的现金，以应对外部环境变动。国有企业的现金持有量低于民营企业，从侧面说明了国有企业存在预算软约束。在外部融资环境变动的情况下，信贷紧缩环境对融资约束公司的影响高于非融资约束公司。当融资约束公司预测到可能遭遇信贷紧缩时，现金还可能会替代公司剩余举债能力而成为提供公司财务灵活性的主要来源。当外部环境变动时，由于融资约束公司的财务灵活性边际价值较高，因此选择了更高的现金持有量水平。而随着现金持有量持续提高，融资约束公司的财务灵活性边际价值有所下降，使其提高杠杆水平。以往学者所发现的融资约束公司在金融危机前动用剩余举债能力提高现金持有量的行为可以看作是在财务灵活性原则下的理性选择。

第四，本书对股利政策的研究表明，公司所面临的融资约束通过影响公司的财务灵活性边际价值来影响股利政策。公司根据自身财务灵活性水平所决定的财务灵活性边际价值，来决定是否发放以及发放多少现金股利。关于半强制分红政策的研究结果表明，公司还可以通过调节股利发放获得再融资的准入资格，从而获得再融资期权带来的财务灵活性。财务灵活性对我国公司股利政策的影响与以往文献中预测的不同，财务灵活性边际价值越高的公司，越倾向于采取股利迎合策略，即发放股利以到达再融资准入门槛，而非减少或是避免进行股利发放。而根据公司所处地域环境进行研究的结果表明，公司的现金股利不是直接由其所面临的信息不对称程度所决定的，而是通过外部融资约束作用于财务灵活性的边际价值大小来实现的。当公司地处边远时，由于面临更高的信息不对称水平，将更为依赖银行负债，导致其剩余举债能力不足，使其更需要保持或提升公司财务灵活性水平。因此，相比于中心地区的公司而言，财务灵活性对于边远地区的公司来说更有价值，使得边远地区公司更倾向于保留财务灵活性，从而减少现金股利的发放。这些均符合财务灵活性假说。

第五，本书还通过引入外部融资约束变量，从财务灵活性的视角将公司财务决策作为一个整体来进行分析，研究了公司在财务政策之间的权衡决策。我国独有的半强制分红政策背景下的研究结果显示，财务灵活性边际价值高的公司为达到再融资资格要求，倾向于提高自身股利支付水平，表明公司将融资决策的重要性排在了股利政策之上。通过研究全球金融危机冲击下公司财务决策的变化，发现公司在金融危机前后均动用剩余举债能力来增加自身现金持有量，说明公司将现金持有政策的重要性排在了资本结构决策之上。而关于地域因素对公司股利政策影响机制的研究一致支持"结果模型"，说明我国上市公司将股利政策作为资本结构政策与现金持有政策的一种结果。因此，本书的经验证据表明，公司对财务政策的重要性排序分别是：现金持有政策、资本结构政策和股利政策。

第二节　研究局限与展望

本书通过选取具有典型意义的外部融资环境变动来研究财务灵活性对公司财务政策的影响机制，这一做法可以在很大程度上减少财务灵活性研究中不可回避的内生性问题，但也同时存在一定的局限性。由于所采用的研究方法是在外部融资环境差异下研究财务灵活性对公司财务政策的作用机制链条，因此，难免会因为所选取的外部融资环境的变动条件有限而在得出更为普适的结论时存在一定的困难。这也是本书的研究局限性所在。

财务灵活性是目前公司财务学的前沿课题，本书研究财务灵活性对公司财务政策决策的影响机制，取得了一些初步的成果。但目前关于财务灵活性的研究，仍然还有一些问题没有解决。首先，财务灵活性水平的度量问题。尽管学者们指出，影响公司财务决策的变量实际上是财务灵活性变动所带来的边际价值，但如果能够通过广泛的问卷调查建立财务灵活性水平的可信度量指标，将不仅有助于投资者和债权人判断企业的财务状况，而且有助于财务高管诊断企业的财务状况，有意识地调整自身财务政策。此外，公司还能以财务灵活性水平为基础建立相应的预警机制，预防企业因现金流短缺或外部融资不畅而错失投资机会，甚至遭受破产风险。

其次，财务灵活性的优化问题。学者们指出，公司保留财务灵活性的目的最终还是实现公司价值的最大化。然而，公司财务灵活性却不是越高越好，随着公司财务灵活度的提高，公司保持财务灵活性的成本（包括无法获得利息税盾收益和现金持有量过高所导致的代理成本等）将逐渐增加，因此公司财务灵活性边际价值的大小将随着公司财务灵活度的提高而减少，即边际价值递减规律。当公司的财务灵活性边际价值递减为 0 时，那么公司将达到最优的财务灵活性水平。在这个水平之下，公司可以变动自身剩余举债能力和现金持有水平的分配比例，但应该保持整体的财务灵活性水平不变。当外部环境变动时，该最优财务灵活性水平也将随之变动。因此，关于财务灵活性最优水平的探讨，是以公司价值最大化作为最终目标的，并以公司的融资能力和现金持有水平作为约束条件。

在后续研究中，如果能结合访谈和问卷调查的方法，找出我国公司财务实践的典型事实，并通过模型推导和数据模拟的方法计算财务灵活性的价值和最优水平，以及验证在更多的融资环境中公司财务灵活性的作用机制，将使得财务灵活性研究的理论推导和逻辑论证更严谨，使财务灵活性的理论框架更为完善，结论更具普适意义和指导意义。

参考文献

姜英冰：《上市公司财务灵活性分析》，《经济管理》2004 年第 5 期。

李常青、魏志华和吴世农：《半强制分红政策的市场反应研究》，《经济研究》2010 年第 3 期。

权小锋、滕明慧和吴世农：《行业特征与现金股利政策——基于 2004～2008 年中国上市公司的实证研究》，《财经研究》2010 年第 8 期。

饶品贵、姜国华：《货币政策信贷传导机制——基于商业信用与企业产权性质的证据》，工作论文，2010 年。

田利辉：《国有产权、预算软约束和中国上市公司杠杆治理》，《管理世界》2005 年第 7 期。

魏刚：《非对称信息下的股利政策》，《经济科学》2000 年第 2 期。

赵蒲、孙爱英：《财务保守行为：基于中国上市公司的实证研究》，《管理世界》2004 年第 11 期。

Abadie, A., Imbens, G., "Simple and Bias – corrected Matching Estimators for Average Treatment Effects", Working Paper, 2002.

Acharya, V. V., H. Almeida, and M. Campello, "Is Cash Negative Debt? A Hedging Perspective on Corporate Financial Policies", *Journal of Financial Intermediation*, Vol. 16, No. 4, 2007.

Almeida, H., Campello, M. and Weisbach, M. S., "The Cash Flow Sensitivity of Cash", *Journal of Finance*, Vol. 59, No. 4, 2004.

Almeida, H., M. Campello, M. S. Weisbach, "Corporate Financial and Investment Policies When Future Financing Is Not Frictionless", *Journal of Corporate Finance*, Vol. 17, No. 3, 2011.

Alti, A., "How Sensitive Is Investment to Cash Flow When Financing Is Frictionless?", *Journal of Finance*, Vol. 58, No. 2, 2003.

Ang, J. and Smedema, A. , " Financial Flexibility: Do Firms Prepare for the Recession", *Journal of Corporate Finance*, Vol. 17, No. 3, 2011.

Banerjee, S. , Dasgupta, S. , Kim, Y. , "Buyer – Supplier Relationships and the Stakeholder Theory of Capital Structure ", *Journal of Finance*, 2008, 63.

Baker M. , Stein J. C. , Wurgler J. , "When Does the Market Matter? Stock Prices and the Investment of Equity – Dependent Firms", *Quarterly Journal of Economics*, Vol. 118, No. 3 2003.

Baker. M, Wurgler, J. , "A Catering Theory of Dividends", *Journal of Finance*, Vol. 59, No. 3, 2004.

Baker, H. K. , Singleton, J. C. , and Veit, E. T. , *Survey Research in Corporate Finance*, Oxford: Oxford University Press, 2011.

Bancel, F. and Mittoo, U. , "Cross – country Determinants of Capital Structure Choice: A Survey of European Firms", *Financial Management*, Vol. 33, No. 4, 2004.

Bates, T. W. , K. M. Kahle, and R. M. Stulz, "Why Do U. S. Firms Hold So Much More Cash than They Used to? ", *Journal of Finance*, Vol. 64, No. 5, 2009.

Bhattacharya, S. , "Imperfect Information, Dividend Policy, and ' The Bird in the Hand' Fallacy", *Bell Journal of Economics*, Vol. 10, No. 1, 1979.

Billett, M. T. and Garfinkel, J. A. , "Financial Flexibility and the Cost of External Finance for U. S. Bank Holding Companies", *Journal of Money, Credit, and Banking*, Vol. 36, No. 5, 2004.

Black, F. , "The Dividend Puzzle", *Journal of Portfolio Management*, Vol. 2, No. 2, 1976.

Bonaime, A. A. , Hankins, K. W. and Harford, J. , "Financial Flexibility, Risk Management, and Payout Choice", Working Paper, 2011.

Brav, A. , Graham, J. , Harvey, C. and Michaely, R. , "Payout Policy in the 21st Century", *Journal of Financial Economics*, Vol. 77, No. 3, 2005.

Butler, A. , "Distance Still Matters: Evidence from Municipal Bond Underwriting", *Review of Financial Studies*, Vol. 21, No. 2, 2008.

Brounen, D. , A. De Jong, and K. Koedijk, "Corporate Finance in Europe:

Confronting Theory with Practice", *Financial Management*, Vol. 33, No. 4, 2004.

Brounen, D., A. Jong and K. Koedijk, "Capital Structure Policies in Europe: Survey Evidence", Journal of Banking and Finance, Vol. 30, No. 5, 2005.

Byoun, S., "Financial Flexibility, Leverage, and Firm Size", Working Paper, 2007.

Byoun, S., "Financial Flexibility and Capital Structure Decision", Working Paper, 2008a.

Byoun, S., "How and When Do Firms Adjust Their Capital Structures Toward Targets?", *Journal of Finance*, Vol. 63, No. 9, 2008b.

Campello, M., Giambona, E., Graham, J. and Harvey, C., "Liquidity Management and Corporate Investment During a Financial Crisis" Working Paper, 2009.

Campello, M., Graham, J., Harvey, C., "The Real Effects of Financial Constraints: Evidence from a Financial Crisis", *Journal of Financial Economics*, Vol. 97, 2010.

Clark. B, "The Impact of Financial Flexibility on Capital Structure Decisions: Some Empirical Evidence", Working Paper, 2010.

DeAngelo, H., DeAngelo, L., Stulz, R. M., "Dividend Policy and the Earned/Contributed Capital Mix: A Test of the Life – cycle Theory", *Journal of Financial Economics*, Vol. 81, 2006.

DeAngelo H. and L. DeAngelo, "Capital Structure, Payout Policy, and Financial Flexibility", Working Paper, 2007.

DeAngelo, H., L. DeAngelo, T. M. Whited, "Capital Structure Dynamics and Transitory Debt", *Journal of Financial Economics*, Vol. 99, No. 2, 2011.

Dehejia, R., Wahba, S., "Propensity Score – Matching Methods for Nonexperimental Causal Studies", *Review of Economics and Statistics*, Vol. 84, 2002.

Denis, D. J., Osobov, I., "Why Do Firms Pay Dividends? International Evidence on the Determinants of Dividend Policy", *Journal of Financial Economics*, Vol. 89, 2008.

Denis, D. J., "Financial Flexibility and Corporate Liquidity", *Journal of Corpo-*

rate Finance, Vol. 17, 2011.

Denis, D. J. and Sibilkov, V. , "Financial Constraints, Investment, and the Value of Cash Holdings", *Review Financial Studies*, Vol. 23, No. 1, 2010.

Denis, D. J. and McKeon, S. B. , "Debt Financing and Financial Flexibility: Evidence from Pro – active Leverage Increases", *Review of Financial Studies*, Vol. 25, No. 6, 2012.

Dittmar, A. and Dittmar, R. , "The Timing of Stock Repurchases", Working Paper, 2007.

Dittmar, A. and J. Mahrt – Smith, "Corporate Governance and the Value of Cash Holdings", *Journal of Financial Economics*, Vol. 83, 2007.

Donaldson, Gordon, "Strategy for Financial Mobility", Working Paper, 1969.

Duchin, R. , Ozbas, O. , Sensoy, B. , "Costly External Finance, Corporate Investment, and the Subprime Mortgage Credit Crisis", *Journal of Financial Economics*, Vol. 97, 2010.

Easterbrook, "Two Agency – cost Explanations of Dividends", *American Economic Review*, Vol. 74, 1984.

Fama, E. F. , and French, K. R. , "Disappearing Dividends: Changing Firm Characteristics or Lower Propensity to Pay? ", *Journal of Applied Corporate Finance*, Vol. 60, No. 1, 2001.

Fama, E. F. and French, K. R. , "Testing Trade – off and Pecking Order Predictions About Dividends and Debt", *Review of Financial Studies*, Vol. 15, No. 1, 2002.

Fama, E. , and K. French, "Financing Decisions: Who Issues Stock? ", *Journal of Financial Economics*, Vol. 76, 2005.

Faulkender, M. and R. Wang, "Corporate Financial Policy and the Value of Cash", *Journal of Finance*, Vol. 61, 2006.

Fazzari, S. M. , Hubbard, R. G. , Petersen, B. C. , "Financing Constraints and Corporate Investment", Brookings Papers on Economic Activity, Vol. 1, No. 1, 1988.

Flannery, M. J. and K. P. Rangan, "Partial Adjustment Toward Target Capital Structures", *Journal of Financial Economics*, Vol. 79, 2006.

Francis, B. , Hasan, I. and Waisman, M. , "Does Geography Matter to Bondholders?", Working Paper, 2008.

Frank, M. Z. and Vidhan K. Goyal, "Testing the Pecking Order Theory of Capital Structure", *Journal of Financial Economics*, Vol. 67, No. 2, 2003.

Frank, M., and Goyal, V., "Trade – off and Pecking Order Theories of Debt", The Handbook of Empirical Corporate Finance, Elsevier Science, 2007.

Gamba, A. and Triantis, A., "The Value of Financial Flexibility", *Journal of Finance*, Vol. 63, 2008.

Gerwin, D., "Manufacturing Flexibility: A Strategic Perspective", *Management Science*, Vol. 39, No. 4, 1993.

Goldstein, R. N. Ju, and H. Leland, "An EBIT – based Model of Dynamic Capital Structure", Journal of Business, Vol. 74, 2001.

Graham, J. R., "How Big Are the Tax Benefits of Debt?", *Journal of Finance*, Vol. 55, 2000.

Graham, J. R. and C. R. Harvey, "Theory and Practice of Corporate Finance: Evidence from the Field", *Journal of Financial Economics*, Vol. 61, 2001.

Heath, L. C., *Financial Reporting and the Evaluation of Solvency*, New York: American Institute of Certified Public Accountants, 1978.

Ivashina V, and Scharfstein D., "Bank Lending During the Financial Crisis of 2008", *Journal of Financial Economics*, Vol. 97, No. 3, 2010.

Jagannathan, M., C. P. Stephens, and M. S. Weisbach, "Financial Flexibility and the Choice Between Dividends and Stock Repurchases", *Journal of Financial Economics*, Vol. 57, 2000.

Jensen, M. C., and Meckling, W. H., "Theory of the Firm: Managerial Behavior, Agency Costs and Ownership Structure", *Journal of Financial Economics*, Vol. 3, 1976.

Jensen, M. C., "Agency Costs of Free Cash Flow, Corporate Finance and Takeovers", *American Economic Review*, Vol. 76, 1986.

John, K., Knyazeva, A. and Knyazeva, D., "Does Geography Matter? Firm Location and Corporate Payout Policy", *Journal of Financial Economics*, Vol. 101, 2011.

Kahl, M., Shivdasani, A., Wang, Y., "Do Firms Use Commercial Paper to

Enhance Financial Flexibility? ", Working Paper, 2008.

Kamath, R. R. , "Long – Term Financing Decisions: Views and Practices of Financial Managers of NYSE Firms", *Financial Review*, Vol. 32, 1997.

Kaplan, S. , Zingales, L. , "Do Investment – cash Flow Sensitivities Provide Useful Measures of Financing Constraints? ", *Quarterly Journal of Economics*, Vol. 112, 1997.

Keynes J. M. "The General Theory of Unemployment, Interest, and Money", *General Theory of Employment*, Vol. 51, No. 6, 1936.

La Porta, R. , Lopez – de – Silanes, F. , Shleifer, A. , Vishny, R. , "Agency Problems and Dividend Policies Around the World", *Journal of Finance*, Vol. 55, 2000.

Leary, M. T. and M. R. Roberts, "Pecking Order, Debt Capacity, and Information Asymmetry", working paper, 2005.

Lemmon, M. L. , and Zender, J. "Debt Capacity and Tests of Capital Structure Theories", Working Paper, 2004.

Lemmon, M. L. and J. F. Zender, "Debt Capacity and Tests of Capital Structure Theories", *Journal of Financial and Quantitative Analysis*, Vol. 45, No. 5, 2010.

Lie, E. , " Financial Flexibility, Performance, and the Corporate Payout Choice", *Journal of Business*, Vol. 78, 2005.

Lins, K. , Servaes, H. , Tufano, P. , "What Drives Corporate Liquidity? An International Survey of Cash Holdings and Lines of Credit", *Journal of Financial Economics*, Vol. 98, 2010.

Lintner, J. , "Distribution of Incomes of Corporations Among Dividends, Retained Earnings, and Taxes", *American Economic Review*, Vol. 46, 1956.

Loughran, T. and Schulz, P. , "Asymmetric Information, Firm Location, and Equity Issuance", Working Paper, 2006.

Maksimovic, V. and Titman, S. , "Financial Policy and Reputation for Product Quality", *Review of Financial Studies*, Vol. 4, 1991.

Marchica, M. and Mura, R. , "Financial Flexibility, Investment Ability, and Firm Value: Evidence from Firms with Spare Debt Capacity", *Financial Management*, Vol. 39, No. 4, 2010.

McLean, R. David, "Share Issuance and Cash Holdings: Evidence of Market Timing or Precautionary Motives?", Working Paper, 2007.

Minton, B. A. and K. H. Wruck, "Financial Conservatism: Evidence on Capital Structure from Low Leverage Firms", Working Paper, 2001.

Modigliani, F., and Miller, M., "Cost of Capital, Corporation Finance and the Theory of Investment", *American Economic Review*, Vol. 48, No. 3, 1958.

Modigliani, F. and M. Miller, "Corporate Income Taxes and the Cost of Capital: A Correction", *American Economic Review*, Vol. 53, 1963.

Mura, R. and Marchica, M., "Financial Flexibility and Investment Decisions: Evidence from Low – leverage Firms", Working Paper, 2007.

Myers, S. C. and N. S. Majluf, "Corporate Financing and Investment Decisions When Firms Have Information That Investors Do Not Have", *Journal of Financial Economics*, Vol. 13, 1984.

Officer, M., "Overinvestment, Corporate Governance, and Dividend Initiations", *Journal of Corporate Finance*, Vol. 17, 2011.

Opler, T., L. Pinkowitz, R. H. Stulz and R. Williamson, "Determinants and Implications of Corporate Cash Holdings", *Journal of Financial Economics*, Vol. 52, 1999.

Pinegar, J. M. and Wilbricht, L., "What Managers Think of Capital Structure Theory: A Survey", *Financial Management*, Vol. 18, No. 4, 1989.

Pinkowitz, L., Stulz, R. and Williamson, R., "Does the Contribution of Corporate Cash Holdings and Dividends to Firm Value Depend on Governance? A Cross – Country Analysis", *Journal of Finance*, Vol. 61, 2006.

Pinkowitz, L. and Williamson, R., "What is a Dollar Worth? The Market Value of Cash Holdings", Working Paper, 2006.

Poitevin, M., "Financial Signalling and the 'Deep – pocket' Argument", *Rand Journal of Economics*, Vol. 20, 1989.

Pirinsky, A. and Wang, Q., *Geographic Location and Corporate Finance: A Review*, Singapore: World Scientific Publishing Company, 2010.

Rapp, M. S., Schmid, T., and Urban, D. L., "The Value of Financial Flexibility and Payout Policy", Working Paper, 2012.

Scott D. F, and Johnson D. J. , "Financing Policies and Practices in Large Corporations", *Financial Management*, Vol. 11, No. 2, 1982.

Shyam – Sunder, L. and Myers, S. C. , "Testing Static Trade – off Against Pecking Order Models of Capital Structure", *Journal of Financial Economics*, Vol. 51, 1999.

Shleifer, A. and Vishny, R. W. , "Liquidation Values and Debt Capacity: A Market Equilibrium Approach ", *Journal of Finance*, Vol. 47, No. 4, 1992.

Skinner, D. J. , "The Evolving Relation Between Earnings, Dividends, and Stock Repurchases", *Journal of Financial Economics*, Vol. 87, 2008.

Stein, J. C. , "Information Production and Capital Allocation: Decentralized versus Hierarchical Firms", *Journal of Finance*, Vol. 57, 2002.

Strebulaev, I. A. , "Do Tests of Capital Structure Theory Mean What They Say? ", *Journal of Finance*, Vol. 62, 2007.

Stonehill, A. , *Multinational Business Finance*, Califonia: Addision – Wesley Publishing Co. , 1986.

Subramaniam, V. , Tang, T. , Yue, H. , Zhou, X. , "Firm Structure and Corporate Cash Holdings ", *Journal of Corporate Finance*, Vol. 17, No. 3, 2011.

Titman, S. , "The Effect of Capital Structure on a Firm's Liquidation Decision", *Journal of Financial Economics*, Vol. 13, 1984.

Tong, Z. , "Firm Diversification and the Value of Corporate Cash Holdings", *Journal of Corporate Finance*, Vol. 17, 2011.

Tversky, A. and Kahneman, D. , "Availability: A Heuristic for Judging Frequency and Probability", *Cognitive Psychology*, Vol. 5, No. 2, 1973.

Volberda, Henk W. *Building the Flexible Firm: How to Remain Competitive*, Oxford: Oxford University Press, 1998.

Wang, J. , "Do Firms' Relationships with Principal Customers/Suppliers Affect Shareholders´ Income? ", *Journal of Corporate Finance*, Vol. 18, No. 4, 2012.

Welch, I. , "Capital Structure and Stock Returns", *Journal of Political Economy*, Vol. 112, 2004.

索　引

后　记

经过数十年的发展，公司财务理论在不同观点的争论、交锋中逐步演进，建构了逻辑完整、架构合理的理论体系。然而，在理论指导实践的过程中，我们仍常常感到困惑，仿佛在迷雾中摸索前行，这也促使我们不断探索，不断追问。

本书付梓之际，我在此衷心感谢博士生导师、博士后导师以及厦门大学管理学院的老师们悉心授业解惑，感谢上海证券交易所领导与同事的关怀指导，感谢中国博士后科研基金会、全国博士后管理委员会、中国社科院博士后管理委员会以及经济管理出版社在本书出版期间给予的大力支持！另外，对于父母、家人、朋友的陪伴与支持，心中感激之情更无以言表。最后，感谢这个时代赋予我们更多的可能性。愿常怀感恩之心，常怀敬畏之心，不忘初心，不致辜负。

本书于博士后期间在博士论文的基础上修改完成，均为个人学术研究探讨，不代表所在机构观点。对于书中仍存在的纰漏和失误，敬请读者指正。

张玮婷

2016 年 7 月于上海

专家推荐表

第五批《中国社会科学博士后文库》专家推荐表 1

推荐专家姓名	王志强	行政职务	院长助理
研究专长	财务学	电 话	
工作单位	厦门大学管理学院	邮 编	361005
推荐成果名称	财务灵活性对上市公司财务政策的影响机制研究		
成果作者姓名	张玮婷		

（对书稿的学术创新、理论价值、现实意义、政治理论倾向及是否达到出版水平等方面做出全面评价，并指出其缺点或不足）

　　西方学者们所进行的问卷调查结果表明，在公司财务实践中，财务灵活性原则是高管制定财务决策时的首要经验法则。然而，学者们对财务灵活性在公司财务决策中的作用机制仍然缺乏共识。相较于西方成熟的资本市场而言，我国资本市场尚不完善。这使得财务灵活性对我国上市公司而言更有价值，对公司财务决策的影响更为显著。因此，将财务灵活性纳入传统的公司财务理论研究框架，在我国更具有现实意义。如何对财务灵活性对公司财务决策的影响机制进行系统研究，成为亟待解决的问题。

　　本研究以财务灵活性作为研究切入点，通过选取三种外部融资环境变量，包括资本市场政策、信贷环境变化以及地域环境因素等，将公司的资本结构政策、现金持有量政策以及股利政策作为一个相互关联、相互制衡的整体进行研究，厘清了公司在财务灵活性原则下资本结构、现金持有与股利政策的决策机制。研究成果提供了公司财务决策内在机理的经验证据，更好地将公司财务实践统一在公司财务理论的框架之下。研究选题新颖，视角独特，为研究公司财务政策提供了一种更贴近实际、问题导向型的研究范式。

签字：王志强

2016 年元月 12 日

说明： 该推荐表由具有正高职称的同行专家填写。一旦推荐书稿入选《博士后文库》，推荐专家姓名及推荐意见将印入著作。

第五批《中国社会科学博士后文库》专家推荐表2

推荐专家姓名	李常青	行政职务	财务学系主任
研究专长	资本市场财务与会计问题研究	电　话	
工作单位	厦门大学管理学院	邮　编	361005
推荐成果名称	财务灵活性对上市公司财务政策的影响机制研究		
成果作者姓名	张玮婷		

（对书稿的学术创新、理论价值、现实意义、政治理论倾向及是否达到出版水平等方面做出全面评价，并指出其缺点或不足）

　　财务灵活性是指公司及时应对现金流和投资机会意外变化的能力。特别是全球金融危机后，相关研究证据表明，财务灵活性缺失是公司陷入财务困境的主要原因之一。作为新兴加转型经济体，我国企业面临的外部环境变动更难预测，面临着更大的财务风险，财务灵活性对我国企业更为重要。因此，在我国的制度背景下研究财务灵活性对公司财务政策的影响机制，具有较强的学术价值和现实意义。

　　本文从财务灵活性的视角出发，研究我国企业财务灵活性的影响因素，财务灵活性对企业财务政策选择的影响机制和传导路径，以及外部融资约束在财务灵活性对公司财务政策的影响机制中所起的作用。通过引入外部融资约束变量进行研究，具有研究方法的创新性，可以较为有效地克服以往财务灵活性研究中难以回避的内生性问题。实践中，企业可以根据外部环境变化，依照财务灵活性原则进行财务决策，从而提高企业的风险防范能力和危机应对能力，减少企业损失。而财务灵活性价值的度量指标则有利于企业根据价值最大化原则优化企业财务决策，促进企业价值的提升。本文在研究上具有一定的学术高度和前瞻性，对于公司财务理论与实践的结合研究具有较强的启发意义。

签字：

2016 年 1 月 18 日

说明：该推荐表由具有正高职称的同行专家填写。一旦推荐书稿入选《博士后文库》，推荐专家姓名及推荐意见将印入著作。